»Dies zur Warnung: Das Buch entfaltet eine durchaus rauschhafte Wirkung.«
Markus Krischer, Focus

Er ist der berühmteste deutsche Maler – doch Caspar David Friedrichs Leben versteckte sich bislang hinter seinen Bildern. Mit Leidenschaft, Detailkenntnis und Witz bringt Florian Illies endlich Licht in den Werdegang dieses pommerschen Kauzes und in die rätselhaften Lebensgeschichten seiner Werke.
Wir lernen Friedrich ganz neu kennen: in den Flitterwochen mit seiner Frau Line ebenso wie in den Jahren der Not, als Vater wie als Kanarienzüchter. Weil er keine Figuren zeichnen kann, fängt er irgendwann an, sie von hinten zu malen und weil er die Sonne nicht ausstehen kann, verliebt er sich in den Mond.
Das von Florian Illies meisterhaft erzählte und akribisch recherchierte Leben der Sehnsuchtsbilder und ihres Schöpfers Caspar David Friedrich führt uns von der Romantik bis hinein in unsere Gegenwart: Wir sehen, wie der »Wanderer über dem Nebelmeer« plötzlich aus dem Nichts auftaucht und wie Friedrich fast im »Eismeer« ertrinkt. Mit »Zauber der Stille« kann man Friedrich auf eine aufregende Weise neu entdecken – und 250 Jahre deutsche Geschichte in Abendbeleuchtung.

Florian Illies, der »große Geschichtenerzähler« (Süddeutsche Zeitung), verwandelt die Vergangenheit in seinen Büchern in lebendige Gegenwart. Er verwebt in seinem besonderen Stil viele kurze Miniaturen zu großen historischen Epochenporträts. Mit seinem Welterfolg »1913. Der Sommer des Jahrhunderts« begründete Illies ein neues Genre. Illies, geboren 1971, studierte Kunstgeschichte in Bonn und Oxford. Er war Feuilletonchef der »Frankfurter Allgemeinen Sonntagszeitung«, leitete das Auktionshaus Grisebach und ist jetzt Mitherausgeber der »ZEIT«. Sein Kunst-Podcast »Augen zu« (gemeinsam mit Giovanni di Lorenzo) gehört zu den meistgehörten Podcasts deutscher Sprache.

*Weitere Informationen finden Sie auf www.fischerverlage.de*

Florian Illies

# Zauber der Stille

Caspar David Friedrichs
Reise durch die Zeiten

FISCHER
TASCHENBUCH

MIX
Papier | Fördert gute Waldnutzung
FSC® C014496
FSC www.fsc.org

Erschienen bei FISCHER Taschenbuch
Frankfurt am Main, 2025


Satz: Dörlemann Satz, Lemförde
Druck und Bindung: GGP Media GmbH, Pößneck
ISBN 978-3-596-29766-5

Kontaktadresse nach EU-Produktsicherheitsverordnung:
produktsicherheit@fischerverlage.de

# Inhalt

## Auf dem Segler

Es ist ein schöner Augusttag des Jahres 1818. Leuchtende Sonne, glitzerndes Meer. Am frühen Morgen sind sie beide in Wiek auf Rügen an Bord gegangen, haben ihr Gepäck und Friedrichs Malsachen auf dem kleinen Segler verstaut, und dann sind sie lautlos über den verschlafenen Bodden geglitten, haben rechts die hellgrünen Buchenhaine von Hiddensee passiert, um dann mit ihrem Segler südlichen Kurs auf Stralsund zu nehmen. Von Osten, von Rügens sanften Hügeln und den Hünengräbern aus tiefversunkener Zeit, weht ein warmer Wind herüber, der die Segel bläht, bis die Taue ihre Muskeln spannen. Oh, wie liebt er diesen Moment, wenn sich die großen Leinensegel plötzlich lauthals straffen und dann das Schiff auf magische Weise in Gang setzen. Hat eigentlich, so fragt er sich, der menschliche Geist je etwas Schöneres erdacht? Genau so will er es auch machen, wenn er zurück in Dresden ist, so unsichtbar den Stoff der Leinwand mit seinem Pinsel beleben wie der Wind das Segel. Da reißt ihn Line aus seinen Gedanken, schau,

Caspar, sagt sie, schau doch, da bei den Sandbänken, siehst du die Seehunde, wie sie aus den Fluten steigen? Entschuldige, Line, lächelt er verlegen, entschuldige bitte, ich war ganz in meinen Träumen versunken.

Es ist der 11. August 1818, sie haben gerade ihre Flitterwochen auf Rügen verbracht, er, der kauzige 44-jährige Maler aus Greifswald, und sie, die 25-jährige Dresdnerin. Auf ihrem Segler ist es still, manchmal hören sie aus der Luft die kräftigen Flügelschläge und das Kreischen der Möwen, und ab und an spritzt die Gischt herauf zu ihnen und ein paar salzige Tropfen glitzern dann noch eine Weile in Friedrichs mächtigem roten Backenbart. Line ist noch nie auf einem Boot gewesen vor dieser Reise, sie hat richtig Angst gehabt, aber wenn sie denn untergehe, dann doch am liebsten gleich mit ihm, hat sie gesagt, ja, das hat sie wirklich gesagt. Caspar David Friedrich kann sein Glück nicht fassen. Wie habe ich dich nur gefunden, murmelt er und hält ihre Hand ganz fest. »Die Liebe ist ein schnurrig' Ding«, hat er seinem Bruder Christian geschrieben, als er sie Hals über Kopf geheiratet hat. Line, das Landei, verstehe inzwischen sogar perfekt, so schrieb er weiter, die pommerschen Heringe zu schnabelieren, die er dem Hochzeitspaar aus Greifswald geschickt habe. Ja, seit sich bei ihm das Ich in ein Wir verwandelt habe, sei in seiner Wohnung in Dresden manches anders geworden. Gut, er dürfe jetzt nicht mehr überall volle Spucknäpfe herumstehen haben, das störe sie, aber ansonsten: »Es wird mehr gegessen, mehr getrunken, mehr geschlafen, mehr geschäkert, mehr gelepscht.« Ja, gelepscht, das hat er geschrieben, was immer das jenseits von Dresden heißen mag, auf jeden Fall bekommen sie gleich im nächsten Jahr ihr erstes Kind.

Fast einen ganzen Tag dauert ihre Segelfahrt durch das glitzernde Wasser des Boddens, das mal dunkelblau leuchtet und mal türkis, Friedrich kann nicht genug davon bekommen, er saugt alles auf mit seinen Maleraugen, die Boote, die Taue, den Mast, das knatternde Segel, die Küstenlinien links und rechts, die sattgrünen Bäume über den Klippen. Als dieser magische Augusttag langsam verdämmert, steckt die Wärme der Sonnenstrahlen noch immer im Holz der Planken unter ihnen, sie brauchen keinen Mantel und keinen Schal. Da taucht Stralsund im abendlichen Dunst vor ihnen auf, wie eine Erscheinung. Line steckt sich feierlich die Haare hoch. Aus dem rötlichen Licht erheben sich die Türme der Stadt, ihr Segler gleitet sanft darauf zu, Friedrich ist voll sehnsüchtiger Andacht und, so glaubt er, Line auch. Genau diesen Moment muss ich malen, denkt er voll innerem Feuer; vielleicht, vielleicht bin ich gerade das erste Mal in meinem Leben wirklich glücklich, das Wasser unter mir, die Erde vor mir, die Luft um mich, meine Hand in der ihren.

Können wir bitte, fragt ihn Line da plötzlich, heute Abend in Stralsund einmal etwas anderes essen als Fisch?

# Kapitel I

# Feuer

Lau ist diese Frühsommernacht, der Himmel verfärbt sich gerade langsam von einem tiefen Dunkelblau in ein zartes Hellgelb, und in den Fliederbüschen singen die Nachtigallen ihr letztes Lied. Da fängt München urplötzlich an zu leuchten: Meterhoch schlagen grellrote Flammen aus dem riesigen Glaspalast in die Höhe, der Widerschein des Feuers erhellt die Häuserfronten der nahen Sophien- und Elisenstraße, und das ganze Firmament scheint zu flackern. Die Stille wird von dem ohrenbetäubenden Bersten der riesigen Eisenstränge und den zersplitternden Fenstern zerrissen, die krachend hinabstürzen in den Feuerschlund.

Es ist der frühe Morgen des 6. Juni 1931. Alles, was Caspar David Friedrich geliebt hat, geht im Münchner Glaspalast in Flammen auf: das Gemälde vom steinigen »Ostseestrand«, seinem ewigen Sehnsuchtsort, »Der Hafen in Greifswald«, das Bild seiner wehmütig vermissten Geburtsstadt, der tägliche Blick aus dem Fenster seiner Wohnung, eingefangen in der »Augustusbrücke in Dresden«, und, besonders schmerzlich, die »Abendstunde«, das Bild seiner Frau Line und ihrer Tochter Emma, die sich umarmen und dabei versonnen aus dem Fenster in eine laue sächsische Frühsommernacht hinausschauen. Gierig verschlingen die Flammen das trockene Holz der Keilrahmen und lassen die Reste der Leinwände als kleine schwarze Aschefetzen in den verschlafenen Himmel hinaufwirbeln, immer wieder aufs Neue werden sie von den heißen Wogen der Flammen in die Höhe geweht, immer und immer wieder, bis das Auge sie irgendwann nicht mehr sehen kann.

*

Die Trägergesellschaft des Münchner Glaspalastes hat, da Glas und Stahl ja ganz offensichtlich nicht brennen können, die 1854 beim Bau geschlossene Feuerversicherung für das Gebäude übrigens im Jahr 1931 aus Kostengründen erstmals nicht verlängert.

*

In der Wohnung von Eugen Roth, nur hundert Schritte vom Glaspalast entfernt, klingelt um kurz nach halb vier am 6. Juni 1931 schrill das Telefon. Die Redaktion der *Münchner Neuesten Nachrichten* ist am Apparat, und sie beordert ihren Lokalreporter schnellstmöglich zum brennenden Glaspalast. Roth zieht hastig seine Kleider an und legt mit schläfrigen Fingern einen Film in seine

Kamera. Dann blickt er kurz auf die zwei Zeichnungen von Caspar David Friedrich, die über seinem Bett noch im Dämmerlicht schlummern. Aber er kennt jeden Grashalm auf ihnen, egal, ob es hell ist oder dunkel, Roth ist ein besessener Sammler, jede Mark, die ihm sein Schreiben lässt, trägt er zu den Kunsthändlern der Stadt, und sein Gott heißt Caspar David Friedrich. Jeden Abend vor dem Einschlafen schaut er kurz auf dessen kleines Blatt aus der Sächsischen Schweiz und lange auf den stillen, magischen Ostseestrand, den Friedrich auf Rügen gezeichnet hat.

Letzte Woche ist Roth bei der glanzvollen Eröffnung der Sonderausstellung »Werke deutscher Romantiker von Caspar David Friedrich bis Moritz von Schwind« im Glaspalast gewesen, 110 der schönsten romantischen Bilder überhaupt, geliehen aus den besten Museen. Und für den Nachmittag dieses dienstfreien Samstags hat er sich tatsächlich vorgenommen, ein zweites Mal hinzugehen, um zu schauen und zu genießen. Nun hetzt er leider schon zwölf Stunden früher als geplant dorthin, und er ahnt, dass statt Genuss das Entsetzen auf ihn warten wird. Die Glocke der Dreifaltigkeitskirche schlägt viermal, als er sich von der Arcisstraße her den Weg über die prallen roten Schläuche der Feuerwehr bahnt und den Schutzmännern seinen Presseausweis entgegenhält. Der Himmel über ihm ist dunkelrot, und da sieht er ihn – den Glaspalast oder das, was von ihm übrig ist. Auf 234 Metern Länge und auf 67 Metern Breite brennt das gigantische Gebäude lichterloh, ihm schlagen die Hitzeschwaden wie glühende Fäuste ins Gesicht. Er versteckt sich in einem Hauseingang, zückt Bleistift und Notizbuch und will schreiben, doch er kann seinen Blick nicht von dem grauenvollen Schauspiel vor seinen Augen abwenden. Er denkt hier in den frühen Morgenstunden dieses schönen und schrecklichen Junitages an jedes einzelne der neun Gemälde Caspar David Friedrichs, das dort gerade vor seinen Augen verglimmt, an die »Abendstunde« mit Frau und Tochter, an den Hafen von Greifswald, die Riesengebirgslandschaft. Er denkt an den armen Mann, der auf dem »Herbstbild« auf verlassenen Feldern karge Äste sammelt, um sich abends ein Feuer anzuzünden, und der nun selbst in den Flammen versinkt. Und dann denkt er natürlich vor allem an sein liebstes Bild, an die »Dame am Meeresstrand«, die mit einem Taschentuch einem Boot hinterherwinkt, sehr zart, er sieht ihren Gruß noch vor sich, es hat ihn sehr gerührt, nun weiß er, dass es ein Abschied für immer ist. Ihr weißes Taschentuch ist ein schwarzer Aschefetzen geworden; die Dame ist nicht mehr von dieser Welt. Um nicht zu weinen, fängt Eugen Roth an zu schreiben: »Der Blick irrt über das Feuermeer. Züngelnd schlägt es herauf, wie Brandung donnert es heran, sinkt hinunter, braust wieder empor, funkelnd, zerstiebend und verzuckend, mit breiten Zungen fressend, feige zurückgeduckt vor dem schmetternden Wasserstrahl und sofort wieder tausendfach anlaufend, höhnisch tanzend und winkend und wirbelnd.«

Nur wenige Stunden später wird sein bebender Augenzeugenbericht in der Frühausgabe der *Münchner Neuesten*

*Nachrichten* erscheinen, die Zeitungsjungen werden ihn lauthals anpreisen, wenn sie durch die Gassen in Schwabing und über den in Schreck erstarrten Marienplatz laufen. Eugen Roth zeichnet in seinem Text ein Porträt dieses Feuers, mit einer Genauigkeit, als sei er Caspar David Friedrich, jede einzelne Flamme sieht er, jeden Widerschein am Firmament, jeden brodelnden, fauchenden Wind, ja, mit diesem Text wird er zu dem Dichter, der er werden will. Irgendwann muss er abbrechen beim Schreiben im Ascheregen, weil er die verzweifelten Tauben nicht mehr aushält, sie flattern panisch durch die Luft, fliegen selbstvergessen in das Flammenmeer hinein, bis Eugen Roth begreift, dass sie in den Nischen der Eisenstangen ihre Nester suchen, in denen doch gerade noch ihre Jungvögel selig unter ihrem Gefieder geschlummert haben.

*

Und wie hat wohl Thomas Mann dieses verstörend leuchtende München, diesen verheerenden Brand am frühen Morgen des 6. Juni erlebt, der ausgerechnet sein 56. Geburtstag ist? Ob er sich bei seiner Frau Katia beschwert hat über den unnötigen Lärm der Feuerwehr? Oder über den unerfreulichen Brandgeruch, der seine Nase »affiziere«? Ob er sich die Brandstätte angeschaut hat? Wir wissen es nicht. Wir wissen nur, dass er im Juli eine Benefizlesung in der Universität halten wird, um Geld für die Brandopfer zu sammeln. Und dass er Adele

Schopenhauer in seinem wenig später geschriebenen Roman *Lotte in Weimar* von dem »himmlischen David Caspar Friedrich« schwärmen lässt. Das ist alles, was wir wissen, denn die Tagebücher des Jahres 1931, die uns Auskunft über seine Reaktion auf diese Vernichtung der Schätze der romantischen Malerei geben könnten, hat Thomas Mann im Jahre 1945 im Garten seines Hauses im kalifornischen Exil von Pacific Palisades ganz unromantisch, nun ja, verbrannt.

*

Adolf Hitler und seine Nichte Geli Raubal, die Tochter seiner Halbschwester, mit der er seit zwei Jahren am Prinzregentenplatz 16 in München in einer wie auch immer gearteten Lebensgemeinschaft zusammenwohnt, werden von den Sirenen der Feuerwehrfahrzeuge, die die ganze Stadt durchdröhnen, aus dem Schlaf gerissen. Aus allen Stadtteilen eilen die Löschzüge herbei, die Münchner reißen ihre Fenster auf, schauen in der morgendlichen Dämmerung in Richtung der gigantischen Rauchschwaden, die von den frühen Winden aus der Innenstadt schnell bis weit nach Schwabing getrieben werden.

Hunderte von Menschen laufen schlaftrunken und verstört durch die Straßen, hin und her gerissen zwischen Angst und Neugier. Am Himmel kämpfen die ersten Strahlen der Sonne mit dem roten Widerschein der Flammen und den rußigen Aschewolken. Als Hitler den

Stachus erreicht, sieht er, dass der gigantische Glaspalast, die Zierde Münchens, die als unbrennbar galt, sich in ein einziges brodelndes Feuermeer verwandelt hat, die Abertausenden Glasscheiben sind zerbrochen, und die Eisenträger sehen aus wie ein riesiges schwarzgekohltes Spinnennetz, durch das sich die Flammen wild emporranken. Die Kronen der hohen Linden, die den Glaspalast umstehen, rauschen panisch im Wind des Feuers, ihre hellgrünen Blätter versengen in der Hitze und rollen sich ein. Vor ein paar Tagen erst hat Hitler hier im Glaspalast die große Ausstellung deutscher Romantiker besucht, die prachtvollste Zusammenstellung aus deutschen Museen seit Jahrzehnten. Doch jetzt haben die Flammen all diese 110 einzigartigen Bilder von Runge, von Friedrich und Schinkel geraubt, zerstört, dem Gedächtnis für immer entrissen. In Hitler wächst eine unbändige Wut. Er schwört sich, dass er hier, am Ort dieses zerstörerischen Feuers, der deutschen Kunst einen Tempel bauen wird, der niemals vergehen soll, ein »Haus der Kunst«. Genau so wird es kommen. Und Geli Raubal, die Nichte Hitlers, wird drei Monate nach dem schockierenden Brand des Glaspalastes, am 18. September 1931, in der gemeinsamen Wohnung am Prinzregentenplatz 16, deren Miete von den Tantiemen für *Mein Kampf* bezahlt wird, im Alter von 23 Jahren ein tödliches Feuer auf sich selbst eröffnen.

*

Caspar David Friedrich spielt mit dem Feuer. Ständig zeichnet er Figuren, obwohl er es überhaupt nicht kann. An der Akademie in Kopenhagen haben sie ihn schon verlacht deswegen, und in Dresden, da verspotten sie ihn schon wieder dafür. Dieses Aktzeichnen. Er bekommt es einfach nicht hin. Immer sind die Beine zu lang und die Oberkörper schlaff. »Sie sind doch der größte Aktzeichner hier«, spottet der Maler Johann Joachim Faber, als sie in der Dresdner Akademie nebeneinandersitzen, »ich meine: der längste Aktzeichner.« Friedrich funkelt ihn zornig an durch seine roten Wimpern. Wenn der wüsste. Bei ihrem breiten Sächsisch sollten die Sächsinnen doch eigentlich froh sein, wenn er sie ein bisschen länger zeichnet. Aber so witzig ist er nur, wenn er an seine Brüder schreibt. Bei den nackten Fräuleins im Zeichensaal vergeht ihm der Humor, sie kann er immer nur ganz kurz ansehen – dann muss er erst einmal lange weggucken, weil ihm etwas blümerant wird, kein Wunder eigentlich, dass dann auch die Arme und Beine sehr langatmig werden. Ach, die Menschen, denkt er dann, sie sind mir so fremd. Und die Frauen erst. Wären sie Bäume, dann wüsste er, wie sie fühlen. Dann könnte er sie stundenlang anschauen und malen, in all ihren Details.

Wir schreiben das Jahr 1802, der kauzige Pommer, ein Spargeltarzan mit rotem Backenbart und schleppendem Gang, hat sich ein kleines Zimmer bei der Witwe Vetter am Festungsgraben in Dresden genommen, er nennt sie »Madam« und ihre halbwüchsigen Töchter »Madmosels«, aber die sind längst tödlich beleidigt, weil er sie nie anspricht, nicht ausführt, und ihnen keine Blume schießt, wenn Kirmes ist. Macht er seinen Mund auf, dann verkrampft sich alles, er bekommt nichts heraus, sein bleiches Gesicht läuft rot an, er ist heilfroh, wenn er an einem Tag nicht mehr sagen muss als »Guten Morgen« und »Guten Abend«, oder noch besser, nur »Nu«, das schöne Wort hat er in Dresden gelernt, und das passt eigentlich immer. Es ist mehr ein Seufzer als ein Wort. So sitzt er nun in einer Winternacht bei Kerzenschein in seiner kargen Stube, die Wirtin und ihre Töchter schlafen endlich, es ist kalt, darum hat er den Pelzmantel an, den ihm seine Familie aus dem hohen Norden geschickt hat, damit er im fernen Sachsen überlebt. Und die Kerzen, die kommen auch aus der Heimat, direkt aus seinem Elternhaus in Greifswald, der Bruder zieht sie mit dem Vater in ihrer kleinen Seifensiederwerkstatt hinter dem Dom. Sein Vater hat gewollt, dass auch Caspar David dieses Handwerk erlerne, aber er ist zu ungeschickt, ständig hat er sich die Finger verbrannt. Und so zieht er statt der Kerzen die Personen auf seinen Zeichnungen in die Länge. Das nennt man Familientradition.

Friedrich nimmt also an diesem trübsinnigen Dresdner Winterabend die Radiernadel zur Hand und kratzt feinste Linien in die Metallplatte. Er fängt, natürlich, mit den Bäumen an, große Linden in voller Pracht, das kann er. Davor Ruinen, das kann er auch, er ist schließlich Romantiker. Doch dann entwirft er noch eine kauernde Frau und einen Mann mit Hut, der ungelenk und überlängt an einer Säule lehnt. Man sieht deutlich, dass der

Künstler gehörige Probleme hat, sie zu zeichnen, und versteht trotzdem nicht genau, welches Problem die beiden haben. Sie scheinen in jedem Fall mit der Gesamtsituation unzufrieden zu sein. Erst der Titel erklärt die Lage: »Mann und Frau vor den Resten ihres verbrannten Hauses«, so nennt Friedrich dieses verstörende Blatt. Der Brand muss aber schon eine Weile her sein, denn es brennt nichts mehr, und es raucht auch nicht auf dem Bild, eigentlich wirken die Reste des Hauses sogar so antikisch, als läge das Feuer schon ein paar Jahrhunderte zurück. »Mann und Frau vor den Resten ihres verbrannten Hauses« – warum zeichnet man so etwas Deprimierendes? Und warum wundert man sich hinterher, dass es keiner kaufen will?

Ein paar Jahre später malt er noch mal ein verbranntes Haus. Er kann es nicht lassen. Diesmal in Öl, und diesmal auch mit Feuer. Und mit Rauch! Der zieht übers Gemälde und macht es düster und seltsam. Leider ist ohnehin Nacht auf dem Bild, man sieht kaum etwas, eine apokalyptische Landschaft. Ein verkohlter Dachstuhl glimmt vor sich hin. Vorne dunkle, krakelige Bäume, vom Feuer schwach beleuchtet. Darüber eine Kirche, unversehrt. Die Menschen hat Friedrich diesmal weggelassen, er hat eingesehen, dass das seine Sachen nicht besser macht. Aber es bleibt trotzdem ein seltsames Bild. Es hat keinen Zauber, etwas fehlt. Es hat keinen Himmel.

*

Hundert Jahre später, am 10. Oktober 1901 brennt Caspar David Friedrichs Geburtshaus in der Langen Straße 28 in Greifswald in der nachmittäglichen Dämmerung nieder. »Mann und Frau vor den Resten ihres verbrannten Hauses« aus Friedrichs Radierung von 1802, das sind also jetzt: der Enkel von Friedrichs Bruder Adolf, Adolph Wilhelm Langguth, und seine Ehefrau Therese. Der Brand ist gegen 17 Uhr am Nachmittag entstanden, als in der Drogerie und alten Seifensiederwerkstatt im Vorderhaus beim Kochen von Bohnermasse die Flammen auf einen Benzinbehälter übergesprungen sind, der sofort explodiert ist. Von dort greift das Feuer auf das Treppenhaus über und breitet sich, »unterstützt durch die vielen vorhandenen brennbaren Stoffe«, in den oberen Etagen aus. Welche brennbaren Stoffe das genau gewesen sind, darüber schweigt sich das *Greifswalder Tageblatt* vornehm aus. Als die ersten Löschzüge der Feuerwehr über den Marktplatz heranfahren, steht der hintere Gebäudeteil bereits in Flammen. Dutzende Feuerwehrmänner spritzen aus acht Schläuchen ohne Unterlass Wasser auf das brennende Haus. Der Himmel über Greifswald leuchtet, die dunklen Wolken erglühen in hellem Rot. Wegen des starken Qualms ist ein Vordringen der Feuerwehrmänner in das enge Gebäude selbst unmöglich, sie müssen von außen löschen und pausenlos Wasser in die Glut spritzen. Das Vordergebäude brennt dennoch komplett ab, und die Feuerwehr schützt nun die umliegenden Gebäude, damit sich die Flammen in den engen Gassen nicht weiter ausbreiten und vor allem der nahe

Dom nicht in Gefahr gerät. Es sieht genauso aus wie auf Friedrichs Bild »Brennendes Haus«: vorne die verkohlten Reste des Dachstuhls, dahinter in alter unzerstörbarer Pracht die Kirche.

Nach drei Stunden ziehen die Löschzüge ab, sie haben getan, was sie konnten. Die ganze Stadt riecht nach Rauch und Ruß, und aus den Resten des stark zerstörten Hauses steigt Dampf auf. Die Polizei hat eingreifen und die Unglücksstätte räumen müssen, ein Schaulustiger und sein halbwüchsiger Sohn haben sich beschwert und krakeelt, weil sie einen besseren Blick aufs Feuer haben wollten. Ihre Personalien sind laut *Greifswalder Tageblatt* festgehalten worden.

Dass allerdings zu den »vorhandenen brennbaren Stoffen« im Obergeschoss des Hintergebäudes auch neun Gemälde Caspar David Friedrichs aus altem Familienbesitz gehören, das ist nicht festgehalten worden. Um 1901 ist der Künstler in Deutschland komplett vergessen, in fast keinem öffentlichen Museum hängt ein Bild von ihm und auch in seiner pommerschen Familie gilt er nur noch als der skurrile malende Vorfahr, der einst aus der Hansestadt nach Sachsen geflüchtet ist, weil er zu tollpatschig zum Seifesieden und Kerzenziehen war.

Allein Alfred Lichtwark, der Direktor der Hamburger Kunsthalle, weiß um die Einzigartigkeit der Bilder jenes schwarzen Schafes der Familie. Als er 1902 ein zweites Mal nach Greifswald kommt, um bei den Nachfahren der Geschwister Gemälde für sein Museum anzukaufen, da ist er geschockt: »Ein Teil der Bilder von Friedrich, zum Glück nicht die besten, sind, seit ich sie im Herbst gesehen, verbrannt. Ich suchte das Haus in der Langen Straße, an seiner Stelle erhebt sich ein Neubau. Der Besitzer führte mich auf den Speicher, dort lagerten die Ruinen. Es ist nichts mehr zu retten. Der Anblick bewegte mich. Rahmen und Leinwand waren unberührt, nur die Farbschicht hatte die Hitze nicht aushalten können.« Die Bilder sind nach dem Feuer mit Brandblasen bedeckt und verkohlt vom Ruß, die Malerei ist überall aufgeplatzt, die neun Bilder sehen aus wie eine Mondlandschaft, dunkelgrau, von Kratern übersät. Es sind ganz besondere, ganz familiäre Friedrichs, die zerstört werden: die beiden Porträts, die er von seiner Frau Caroline gemalt hat, einmal auf der Treppe, einmal mit einem Leuchter in der Hand, dann ein Bild von Neubrandenburg, der Heimatstadt seiner Mutter, mit dem dortigen Stargarder Tor und ein Gemälde des dunkelgrünen Uttewalder Grunds bei Dresden, in den er sich einmal sechs Tage lang verkrochen hat, als sich die napoleonischen Truppen genähert haben. Und eine Harzlandschaft ist darunter, eine Rügenlandschaft, ein Schiff am Strand bei Greifswald und die Ruine Eldena mit ihren mächtigen Eichen, die Friedrich so geliebt hat. Neun Bilder, eine Autobiographie. Nur ein Bild kann übrigens nicht aus den Flammen gerettet werden, Caspar David Friedrichs großes Selbstbildnis. Es verbrennt vollständig im Geburtshaus seines Schöpfers.

Um die vergangene Pracht der versengten Gemälde vielleicht doch wieder zum Leuchten zu bringen, wird in der Familie nach einer Lösung gesucht, die offenbar unbedingt den Vornamen Adolph tragen muss. Denn der Besitzer Adolph Langguth, der Enkel von Friedrichs Bruder Adolf Friedrich, bittet seinen Verwandten Friedrich Adolph Gustav Pflugradt um Hilfe, der der Enkel von Friedrichs Schwester Dorothea ist. Da er nicht nur Adolph heißt und irgendwie verwandt ist, sondern auch noch malt, übergibt man ihm die neun ruinierten Gemälde, er säubert und übermalt sie dann nassforsch und ohne jede Rücksicht mit bunten Farben. Die vielen Brandblasen drückt er mit dem Pinsel ein, damit seine Farben dann in den Löchern besser halten. Man weiß danach nicht, was schlimmer für die Bilder gewesen ist, der Brand oder Pflugradts Pinsel. Immerhin, den Ersten Weltkrieg überleben diese Gemälderuinen dann ohne neue Schäden in der Langen Straße 28. Der nächste Besitzer der neun armen Friedrichs, auch er irgendein verstreuter Urenkel der Schwester des Malers, ist dann pleitegegangen – oder, das ist in diesem Fall vielleicht das passendere Wort: Er ist abgebrannt. Zuvor hat er in der *Weltkunst* noch vergeblich ein Inserat aufgegeben: »Caspar David Friedrich Gemälde zu verkaufen«. Aber niemand hat sich gemeldet.

*

Irgendwie findet dann doch noch eines der Bilder, und zwar der düstere »Uttewalder Grund«, aus dem abgebrannten Greifswalder Geburtshaus den Weg nach Berlin. Es landet passenderweise bei Wolfgang Gurlitt, einem schillernden Kunsthändler, der selbst ständig fast pleite ist und dessen Liebesverhältnisse den goldenen zwanziger Jahren alle Ehre machen. Sein Charme wedelt welpenhaft in alle Richtungen. Und so lebt Gurlitt fröhlich mit seiner Exfrau, seiner ihm ebenfalls sehr zugewandten Exschwägerin, seiner neuen Ehefrau, ihren gemeinsamen Töchtern und seiner großen Liebe Lilly Agoston zusammen.

Muss man erst mal hinbekommen.

Gurlitts Damen leben in unterschiedlicher Besetzung in zwei Wohnungen im Berliner Westen, zwischen denen Gurlitt hin- und hersegelt. Als sein Lebensstil zu aufwendig wird und ihn die Gläubiger verklagen, versucht er sich mit einem Erotik-Verlag zu retten, in dem er Darstellungen seiner kurzzeitigen Geliebten Anita Berber veröffentlicht, doch das bringt ihm nur neue Prozesse wegen der Verbreitung unzüchtiger Schriften ein, 1932 muss er den Offenbarungseid leisten. In Gurlitts Galerie in der Potsdamer Straße hängt derweil jahrelang, jedes Auf und Ab des Lebens ignorierend, die arg mitgenommene Friedrich-Landschaft aus dem Uttewalder Grund an der Wand, aber niemand will sie ihm abkaufen. Wohlwollend betrachtet, ist vielleicht ein Fünftel des Bildes wirklich noch von des Meisters Hand gemalt, der Rest, die dunklen Brauns und Grüns der sächsischen Schluchten aber stammen von Friedrichs Nachfahren Pflugradt und verschiedenen Restauratoren, die die aufgeplatzten Brandblasen so lange mit Farbe gefüllt haben, bis jeder Zauber ausgelöscht ist.

Aber Gurlitt hütet dieses Bild wie seinen Augapfel, er nimmt es sogar, als er Deutschland wegen seiner jüdischen Großmutter verlassen muss, zwischen seinen Hemden in einem Koffer versteckt, mit nach Österreich. So rettet er den Friedrich vor dem zweiten, endgültigen Verbrennungstod, denn seine gesamte Berliner Wohnung wird in der Nacht vom 22. auf den 23. November 1943 ausgebombt.

Gurlitt jedoch ist rechtzeitig mit seinem gesamten Harem, seinen Töchtern und seinen wertvollsten Bildern nach Bad Aussee übergesiedelt – und wohnt dort pikanterweise nur wenige hundert Meter neben jenem Kalistollen, in dem Adolf Hitler die wertvollsten Gemälde aus ganz Europa lagert, die er für sein geplantes »Führermuseum« in Linz zusammengeraubt hat. Dort liegen der »Genter Altar« von Jan van Eyck, Werke von Leonardo, von Michelangelo und Rembrandt unterirdisch versteckt. Sie alle kehren nach dem Krieg an ihren angestammten Ort zurück. Der halbverkohlte Friedrich aber bleibt in Gurlitts Haus in Bad Aussee. Da Gurlitt ganz offensichtlich ein Mann von größter Geschicklichkeit ist, der traumwandlerisch nicht nur durch die Klippen des Lebens segelt, sondern auch durch die Nazizeit, gelingt es ihm nach dem Krieg, sich als Direktor eines neuzugründenden Museums in Linz ins Spiel zu bringen. Das wird er auch tatsächlich, ohne allerdings seinen Kunsthandel ruhen zu lassen. In einem tollkühnen Coup kauft er als Museumsdirektor die eigene Kunstsammlung für einen Betrag von 1,6 Millionen Mark für sein Museum an. So verkauft Gurlitt den verbrannten und deshalb unverkäuflichen Friedrich am Ende also für einen stattlichen Preis an sich selbst, der Staat bezahlt und er kassiert.

Muss man auch erst einmal hinbekommen.

*

Wenn Caspar David Friedrich an seine Kindheit denkt und an seine Familie, dann sieht er immer lodernde Feuer vor sich und hat Aschegeruch in der Nase. Die Bechlys aus Neubrandenburg, die Eltern seiner Mutter, sind Schmiede gewesen, und von frühesten Kindertagen an hat der kleine Caspar David die Glut bestaunt, die das Metall der Hufeisen und der Stahlbeschläge zum Schmelzen gebracht hat.

Als er als junger Knabe einmal eine griechische Gottheit aus dem Zeichenbuch von Preissler, das ihm sein Lehrer Quistorp gegeben hat, malen soll, da entscheidet er sich natürlich für Hephaistos, den Gott des Feuers, den er genießerisch lächeln lässt. Im Keller seines eigenen Zuhauses, in der Langen Straße 28 in Greifswald, brennt zu jener Zeit täglich das Feuer unter dem großen Talgkessel, in dem sein strenger Vater und dessen Gesellen die Reste von Tieren zu Seife verkochen, ein übler Geruch, vor dem Friedrich sich ekelt, steht im ganzen Haus. Wie viel lieber hat er den anderen Geruch aus dem anderen Kessel, in dem das Wachs von den brennenden Holzscheiten flüssig gehalten wird, damit der Vater und seine Brüder Kerzen daraus ziehen können.

Wenn er später auf Reisen ist und beim tagelangen Wandern übers Land wehmütig wird und sich verloren fühlt, zieht er eine der Kerzen aus der Heimat aus seinem Rucksack und riecht daran. Dann geht es ihm gleich ein wenig besser.

*

Nachdem Walt Disney am 7. Juli 1935 von Baden-Baden nach München gereist ist, zieht er mit seiner Frau für einige Tage ins Hotel Grand Continental. Disney ist ins Dritte Reich gekommen, um mitzuerleben, wie eine seiner tierischen Erfindungen ins offizielle Kurzfilmprogramm der bayerischen Kinos aufgenommen wird, nämlich: *Die lustige Palette – Im Reiche der Micky Maus*. Auf Mäuseebene also dulden die Nationalsozialisten andere Herrschaftsbereiche, zumal Hitler ein ausdrücklicher Freund der Walt Disney Produktionen ist. Den galanten Amerikaner Disney mit seinem weltmännischen schmalen Schnurrbart und dem wohligen kalifornischen Teint zieht es nach der Filmvorführung in die Münchner Buchhandlungen, zu Chr. Kaiser im Rathaus und Hugendubel am Salvatorplatz. Die Buchhändler und Buchhändlerinnen bekommen leuchtende Augen, denn Disney kauft an diesem Tag nicht weniger als 149 Bildbände und illustrierte Bücher bei ihnen. Er will die europäische Zeichen- und Malkunst mit in sein Studio nach Hollywood nehmen, er braucht die Ideen von Ludwig Richter, den Zeichenstil des *Simplicissimus* und die Landschaften von Caspar

David Friedrich als Anregung für die jungen Zeichner in seiner explodierenden Traumfabrik. *Deutsche Maler-Poeten* von Georg Jacob Wolf nimmt er sich mit auf das Schiff, mit dem er nach Amerika zurückfährt, aber auch *Der deutsche Wald und seine Vögel*.

Drei Jahre später, im Sommer 1938 wird Disney und Thomas Mann in Harvard gleichzeitig die Ehrendoktorwürde verliehen. Und beim festlichen Dinner danach hat wohl Dr. h.c. Thomas Mann seinen Tischnachbarn Dr. h.c. Walt Disney auf das Buch von Felix Salten aufmerksam gemacht, das von den Abenteuern eines Rehs erzählt, das *Bambi* heißt. Ob das nicht einmal Stoff für einen seiner Zeichentrickfilme sein könnte?

Disney besorgt sich das Buch, liest es und ist entbrannt. Er zieht die alten deutschen Bücher aus dem Regal der Firmenbibliothek und gibt sie den Zeichnern, damit sie eine Geschichte erfinden, die den Geist der deutschen Romantik lebt. Und Disney holt sogar zwei echte Rehkitze ins Studio, die dort für seine Zeichner Modell stehen. Ein Männchen und ein Weibchen, ein Bambi und eine Feline, deren Bewegungen sie naturgetreu erfassen. Der Film lebt wie das Buch vom Feuer: Die Gefahr droht durch die Jäger, die ein Lagerfeuer anzünden, dessen Rauchschwaden Bambi wittert. Der Funkenflug wird bald den ganzen Wald in Brand setzen.

Als in dem Film dann das kleine Bambi durch die großen Fichtenwälder und über dunstige Wiesen hopst, sieht man Friedrichs »Morgennebel im Gebirge« vor sich. Wenn das Reh vor den Hunden ins Gebirge flieht, dann flieht es eigentlich in Friedrichs »Felsenschlucht«, so genau sind die Felsbrocken und Baumstämme seinem Gemälde nachempfunden. Und als am Ende der Wald in Flammen steht und das Firmament rot aufleuchtet, ist das ganz und gar ein Friedrich'scher Himmel, zu dem Bambi emporblickt. Es ist der junge Chinese Tyrus Wong, der für die Naturszenen in *Bambi* die asiatische Malerei mit der deutschen Romantik vereint. Anschließend verlässt er Walt Disney, geht zu Warner Bros. und macht dort die Zeichnungen für die Story von *...denn sie wissen nicht, was sie tun.*

*

Als am 10. Mai 1933 die Bücherverbrennung beginnt, gehört Felix Saltens *Bambi* zu den ersten Büchern, die brennen. Der jüdische Autor hat in dem um sein Leben kämpfenden Rehkitz die verzweifelte Lage der Juden in die Tierwelt verlegt. Doch das hat ihm nicht geholfen. »Gegen Klassenkampf und Materialismus«, skandieren die Braunhemden und werfen Saltens Buch mit Werken von Clara Zetkin und Leo Trotzki ins Feuer.

Nach vierjähriger Produktionszeit kommt Walt Disneys Film *Bambi* in die Kinos, und Adolf Hitler gehört 1942 zu den Ersten, die ihn in Europa sehen. Er schaut Bambis Flucht vor dem Feuer inmitten des Krieges in seinem privaten Kino auf dem Berghof an und ist gerührt.

*

Wann fängt Caspar David Friedrich endlich Feuer? Schon in Kopenhagen an der Akademie, wo er Malerei studiert hat, haben seine Freunde Sorge, dass er auf ewig Junggeselle bleiben wird. Als er am 1. Mai 1798 zurück in die Heimat geht, schreibt ihm sein engster Vertrauter, der Maler Johan Ludvig Lund zwei Fragen ins Stammbuch: »Wer reifet den Knaben? Wer stärket den Mann?« Die Antwort folgt sofort: »Der Kuss einer lieblichen Dirn« oder, etwas poetischer: »Nur Liebe so mächtig ins Leben uns ruft.« Und als Lund ihn dann ein Jahr später in Dresden besucht, wo sich Friedrich niedergelassen hat, versucht er eigenhändig, dem schüchternen Pommern die Damenwelt näherzubringen. Aber Rosine und Isidore, die Töchter der Vermieterin, interessieren sich nur für den schmucken Lund. Immerhin muss es in dem kleinen sächsischen Dorf Hainichen eine »M.« gegeben haben, die Friedrichs Ambitionen und Hormone geweckt hat, davon erzählt Friedrich wenig später ganz verschwörerisch in einem Brief an Lund, als dieser nach Paris weitergezogen ist. Aber irgendwie scheint aus dieser Geschichte nichts geworden zu sein. Als er sich 1802 bei seiner Schwester Dorothea in Breesen bei Neubrandenburg für ein paar Monate ausheult, da malt er am 3. Februar ein kleines Selbstbildnis: Er liegt erschöpft und traurig an einem Wegstein und hat den Hut, den Wanderstock und den Tornister resigniert ins Gras geworfen. Auf dem Wegstein steht: »1 ½ Stunden bis Hainichen«. Offenbar ist er diesen Weg nicht mehr gegangen, weil er von der M. verschmäht worden ist oder weil sie einen anderen geheiratet hat? Wir wissen es nicht. Auf jeden Fall zieht nun für ein Jahr die Trauer ein in seine Kunst. Männer mit gesenktem Kopf, schwermütige Frauen, Blätter voll Melancholie.

Eine Bettgeschichte aber immerhin kann Friedrich dann seinem Freund Lund doch irgendwann nach Paris berichten: »Vor einiger Zeit kam ich auf einen dollen Einfall, ich wollte nämlich wissen, ob's wohl möglich wäre, wenn ich mich recht herzhaft in mein Bette würfe, durch und durch zu fallen.« Interessant. Nicht ganz klar, was er da genau gemacht hat. Das Ergebnis entspricht aber auf jeden Fall den Erwartungen des Malers: »Ich probierte es und glücklich brach ich durch.«

*

In einem kleinen Zimmer im prächtigen Barockschloss des »Freien Weltadeligen Evangelischen Fräuleinstift Joachimstein zu Radmeritz«, direkt an der uralten Handelsstraße zwischen Breslau und Dresden in der verwunschenen Oberlausitz, lebt das hochbetagte Fräulein Sophie Elisabeth von Nostitz und Jänkendorf als Stiftsdame. In diesem hochwürdigen Seniorenheim für adlige Dresdner Damen gibt es eine prunkvolle Brücke, die über den Wassergraben des Schlosses führt und von vier steinernen Figuren bekrönt wird, die die vier Elemente verkörpern. Und darum passt die folgende Geschichte natürlich besonders gut in dieses Buch, das den Elementen seine Einteilung verdankt. Auf der »Männelbrücke«

vor den 200-jährigen Linden stehen also Jupiter mit dem Blitz für das Feuer, Neptun mit dem Dreizack für das Wasser, Juno mit dem Pfau für die Luft und Kybele mit der Mauerkrone für die Erde.

Es laufen nur noch die adligen Stiftsdamen über diese Brücke, in den Jahrhunderten davor ist allerdings auch so mancher adlige Herr herübergeritten, 1745 ist etwa Friedrich der Große mit seinem Gefolge hier gewesen, später im Krieg gegen Napoleon derjenige Prinz Wilhelm von Preußen, der einmal deutscher Kaiser werden sollte mit den Generälen von Blücher und Gneisenau. Gneisenau hat am 9. September 1813 in sein Tagebuch geschrieben: »Wir stehen hier mit unserem Hauptquartier in einem Fräuleinstift und wohnen alle mit selbigen in einem Schlosse, teilen den Tisch mit ihnen, aber nicht die Betten, soviel mir wenigstens bekannt ist.«

Nun aber, am Anfang des 20. Jahrhunderts, steht das große Barockschloss still auf seiner kleinen Insel und dämmert vor sich hin, der lauteste Ton ist das Klingen der kleinen Glocke um Punkt 18 Uhr, mit der Selma Heynitz, die Frau des Stiftsverwalters, die Damen abends in den Speisesaal bittet. Man isst ein wenig, tupft sich den Mund mit der weißen Stoffserviette gründlich ab, trinkt ein Glas Rheinwein, spielt Karten und erzählt von früher, als alles besser war. Dann geht es zeitig zu Bett.

Eines Tages aber klopft Andreas Aubert, ein tatendurstiger und eleganter Kunstforscher aus Norwegen ans große Portal und begehrt die Gräfin von und zu zu sehen. Große Aufregung. Die anderen Stiftsdamen tuscheln auf den Fluren, als das Fräulein ihn nach eingehender Prüfung im Salon in ihr Zimmer gebeten hat. Aubert hat von irgendwoher Kunde bekommen, dass in ihrem Zimmer über dem hoch aufgepolsterten Bett ein ganz besonderes Bild hängen soll. Eigentlich ist Aubert ja nach Dresden gereist, um über seinen Landsmann, den Maler Dahl zu forschen, aber je mehr er sich in dessen Geschichte vertieft, umso mehr beginnt er über das zu staunen, was in den 1820er und 1830er Jahren im Haus »An der Elbe 33« in der Wohnung unter ihm entstanden ist. Denn Johan Christian Clausen Dahl hat im Stockwerk über der Familie von Caspar David Friedrich gewohnt. Und dann fragt und forscht und reist Andreas Aubert in den nächsten Jahren plötzlich vor allem in Sachen Caspar David Friedrich durch die Lande. Am Ende des 19. Jahrhunderts kennt niemand mehr dessen Namen. Als er sich im Dresdner Museum erkundigt, wo natürlich kein Friedrich an der Wand hängt, da erinnert sich ein alter Museumsdiener, von dem Künstler irgendwann schon mal gehört zu haben, schlurft davon und bringt dann nach zehn Minuten das Bild »Zwei Männer in Betrachtung des Mondes« aus den Tiefen des Depots nach oben, vollkommen verstaubt. Das Gemälde hat einst Dahl dem Museum geschenkt, doch das ist ewig her, die Industrialisierung und die Moderne haben Friedrich altmodisch gemacht.

Fast im Alleingang versucht ausgerechnet der Norweger Andreas Aubert, den Deutschen die Augen zu öffnen für die Größe Friedrichs. Er fährt nach Greifswald und

Neubrandenburg, wo die Enkel des Malers und seiner Geschwister noch Bilder hüten, und er geht jeder Spur nach, die er finden kann. Eine führt ihn an jenem tristen Herbsttag des Oktobers 1909 eben hinaus in die Oberlausitz ins Damenstift von Joachimstein. Als er das Zimmer von Sophie Elisabeth von Nostitz und Jänkendorf betreten darf, steht er sekundenlang mit offenem Mund vor ihrem Bett. Dort hängt im Dämmer des Nachmittags ein Bild, das in seiner Schönheit und Vollkommenheit, seiner Magie und seiner Lichtfülle das Bewegendste ist, was Aubert je von Friedrich zu Gesicht bekommen hat. »Wirklich, das ist ein Friedrich«, stammelt er. »Ja«, sagt die Gräfin und bietet ihm Wasser an und trockenes Gebäck. Und dann erzählt sie. Ihr Großvater, der feinsinnige sächsische Konferenzminister Gottlob Adolf Ernst von Nostitz habe das Bild »Das Große Gehege« im Jahre 1832 bei einer Verlosung gewonnen, es dann seinem Sohn Julius Gottlob vererbt, der es wiederum ihr vermacht hat, aus dem Gefühl heraus, dass ihre Melancholie in den Spiegelungen des Himmels dieses Bildes ein wenig Halt finden könne. Sie habe das Bild an jedem einzigen Tag ihres Lebens angeschaut, sagt sie dem begeisterten Norweger. Der versucht, im Kopf auszurechnen, wie viele Tage das wohl genau gewesen sind, aber er ist zu höflich, um die Gräfin nach ihrem genauen Alter zu fragen.

Da man es nur über die Brücke der vier Elemente erreichen kann, hängt »Das Große Gehege« eigentlich an genau dem richtigen Ort: Denn der Himmel glüht wie Feuer, das Wasser steht majestätisch still, die Erde schweigt und die Luft flüstert uns ein Geheimnis zu. Friedrich lässt hier aus dem Tosen der vier Elemente plötzlich den Zauber der Stille entstehen.

In der Ofenluft des kleinen Stiftszimmers ist die Leinwand aber über die Jahrzehnte hinweg ein wenig matt und müde geworden, und der kunstsinnige Besucher rät der Besitzerin, das Bild doch einmal zu einem Restaurator nach Dresden zu geben, damit es gereinigt und neu gefirnisst werden könne. Es sei ein solches Juwel, dieses Bild, sagt Andreas Aubert dann noch, und er hoffe natürlich, dass sie dafür eine sehr gute Feuerversicherung habe. Dann spricht man noch ein wenig, trinkt Wasser und knabbert Gebäck, schließlich will der norwegische Forscher dringend zurück, er muss den letzten Zug nach Dresden erreichen.

Und als er gegangen ist, lächelt die Gräfin still in sich hinein, dankbar, dass nach Jahrzehnten des Vergessens ihr Friedrich, ihr Lebensbild, doch noch entdeckt worden ist von der großen weiten Welt außerhalb ihres Damenstifts. Und dann noch von einem so höflichen Herrn. Aber je länger Aubert weg ist, umso mehr geht nur noch ein Wort durch ihren Kopf: »Feuerversicherung«. Das ist so eine Sache, über die man, wenn man alt ist und zu viel Zeit hat, sehr viel nachdenken kann. Natürlich hat sie Aubert nicht erzählt, dass es nicht versichert ist. Die Gräfin schämt sich dafür, das nie getan zu haben, nachdem sie von dem Brand in Friedrichs Geburtshaus gehört hat. Wie kann sie nur so unvorsichtig sein? Wie oft ist ihr schon eine Kerze umgefallen oder eine Lampe durchgebrannt?

Nun schreitet sie zur Tat. Sie telefoniert, und sie schreibt nach Dresden, spricht mit dem empfohlenen Restaurator Krause. Und dann macht sich »Das Große Gehege« auf seine große Reise, dieselbe, die wenige Tage zuvor Andreas Aubert gemacht hat. Also aus dem Damenstift in Radmeritz zurück nach Dresden, wo es 1832 von Friedrich gemalt worden ist. Postwendend bekommt sie eine Antwort vom Restaurator, und daraufhin schreibt die Dame einen sehr freundlichen Brief an den Direktor des Dresdner Museums Karl Woermann: »Auf Veranlassung eines Kunstkritikers aus Norwegen schickte ich ein in meinem Besitz befindliches Ölbild, ›Das Große Gehege‹ von C.D. Friedrich, zum Reinigen und Firnissen nach Dresden, zugleich einer angemessenen Feuerversicherung wegen nach jetzigem Werth fragend.« Und da der Wert so hoch ist und die Feuerversicherung darum ebenfalls, überlege sie, so die Gräfin, das Bild nun dem Dresdner Museum zu verkaufen. Oder, im Deutsch von 1909: »erlaube ich mir, mich an Euer Hochwohlgeboren zu wenden, mit der unmaßgeblichen Frage, ob vielleicht die Dresdner Königliche Gemälde Galerie darauf reflectiren würde?« Und die findet das ungeheuer maßgeblich und reflektiert stark darauf und kauft »Das Große Gehege« tatsächlich schon vier Wochen später an. In der Ankaufskommission hat es allerdings Widerstand gegeben – ausgerechnet von den eigentlich sehr ehrenwerten Malern und Professoren der Kunstakademie Hermann

Prell und Gotthardt Kuehl. Das Protokoll der Ankaufssitzung hält fest, die beiden seien gegen den Ankauf, »da sie sich mit den Härten dieses primitiven deutschen Landschaftsstils aus dem ersten Viertel des 19. Jahrhunderts nicht genügend befreunden konnten«. Sehr lustig, diese Worte, zumal im Jahre 1909 in Dresden gerade mit Ernst Ludwig Kirchner, Erich Heckel und Max Pechstein die Künstlergruppe die »Brücke« für Aufruhr sorgt, die ihrerseits genauso für ihre »Härte« und ihre »Primitivität« verspottet wird wie Caspar David Friedrich.

Die Gräfin Sophie Elisabeth von Nostitz und Jänkendorf in ihrem Zimmer im Damenstift von Radmeritz freut sich in jedem Fall, dass ihr Friedrich nun im Museum in Sicherheit ist – und das Museum nicht nur 2000 Reichsmark bezahlt, sondern auch die Feuerversicherung. Die weiße Fläche auf der englischen Blumentapete über ihrem Bett aber, die genau jene Stelle markiert, an der »Das Große Gehege« ihr jahrzehntelang das Leben erhellt hat, jene Leerstelle macht sie jeden Abend doch ein klein wenig traurig.

Im kalten Frühjahr 1945 überrollt dann die russische Armee das Damenstift, die Soldaten vertreiben die Stiftsdamen, die panisch ihr Schloss verlassen und zu Fuß gen Westen zu fliehen versuchen. Die russischen Soldaten reißen alle Vorhänge und Bilder von den Wänden und verbrennen sie in den Zimmern der Stiftsdamen, um sich an den Feuern zu wärmen. Die Gemälde mit ihren hölzernen Keilrahmen, trockenen Leinwänden und geschnitzten Rahmen brennen besonders gut. Kriegsschäden werden in Brandschutzversicherungen übrigens ausdrücklich nicht mitversichert.

*

Als in Frankreich vor vielleicht 30, 40 Jahren ein kleines Antiquitätengeschäft aufgelöst wird, kauft sich ein hessischer Sammler, der gerade mit dem Auto vorbeikommt, für ein paar Franc zwei, drei kleine Landschaftsgemälde, die vor der Tür stehen. Eines gefällt seiner Mutter so gut, dass sie es sich in die Wohnstube in Seligenstadt hängt, neben die Fotos von ihrer Konfirmation und ihrer Silberhochzeit. Viele Jahre später fällt dem Sohn eines Abends ein Bildband der Dresdner Gemäldegalerie in die Hände. Beim Durchblättern stutzt er plötzlich, da ist etwas, das sieht genauso aus wie das Bildchen, das er seiner Mutter geschenkt hat. Unter dem Bild steht »Caspar David Friedrich: Das Große Gehege, 1835«. Kann es sein, dass in der Stube seiner Mutter über ihm das gleiche Bild hängt, nur kleiner? Er hält das für unmöglich, nirgendwo in der Literatur ist die Rede von einer zweiten Fassung oder einer Vorstudie. Doch dann nimmt er das Bildchen kurzerhand von der Wand und fährt nach Dresden, um es vor das Bild im Museum zu halten. Große Aufregung – beim Museum wie beim Sammler. Alle sind Feuer und Flamme. Die Übereinstimmungen sind berückend. Auch wenn man sonst keine solchen Vorstudien von Werken Friedrichs kennt, scheint er hier eine Ausnahme gemacht zu haben, nur das Boot in der Mitte hat Friedrich erst im großen Bild dazugemalt. »Ei, Bub, wenn du willst, dann verkauf es halt, ich häng mir was anners hin«, so habe seine Mutter zu ihm gesagt, erzählt der Sammler, der inzwischen selbst ein stattliches Alter erreicht hat, aber in Hessen bleibt man immer ein Bub. Und so kommt es. Mit dem Geld, das ihm ein Londoner Kunsthändler dafür zahlt, baut er ein komplettes Haus in Seligenstadt. In das Fundament lässt er auf einer kleinen Platte in Frakturschrift einfügen: »DOMUS CASPAR DAVID FRIEDRICH«. Danach wird die Ölstudie vom »Großen Gehege« weiterverkauft nach New York, zu einem viel höheren, einem Millionenpreis. Ob er sich darüber ärgere? »Überhaupt net«, sagt er ruhig und dankbar, in breitestem Hessisch fügt er hinzu: »Mir habbe unsern Schnitt gemacht.«

Als der neue Besitzer, ein Banker, der mit Derivate- und Optionshandel zum Milliardär geworden ist, das Bild zu einer Ausstellung ausleihen will, findet er es nicht mehr in seiner weitläufigen Wohnung. Irgendwann aber, als es in New York im Winter plötzlich stark schneit und er seinen Wintermantel sucht, entdeckte er dahinter das kleine »Große Gehege« Caspar David Friedrichs im Dunkel des Schrankes. Die Haushälterin hat es dorthin gestellt. Es ist ihr beim Saubermachen in der Küche etwas ins Gehege gekommen.

*

Es flackert heute so seltsam am Himmel, denkt Friedrich, als er wie jeden Abend in der Dämmerung über die Augustusbrücke zum anderen Elbufer läuft, habe ich vielleicht zu viel getrunken? Als habe Gott heute etwas übertrieben bei der feierabendlichen Farbgestaltung, leuchtet der bewölkte Himmel über Dresden in einem aberwitzigen Rot, auch das Gelb hat nicht jenes sanfte, weiche Gelb der Abendhimmel, die Friedrich von seiner neuen Heimat kennt und liebt, wenn die Sonne schon fast versunken ist hinter der Elbe, nein, das Gelb schreit seit ein paar Tagen seine Farbigkeit hinaus wie die Blüten auf einem Rapsfeld. Friedrich reibt seine Augen, aber auch danach: ein Spektakel am Firmament. Alle Farben kämpfen gegen die Wolken. Nun, dann sollte ich es wohl zu malen versuchen, das ist ja angeblich mein Beruf, denkt er sich und lächelt ein wenig. In sein Skizzenbuch zeichnet er mit Bleistift schnell einen kleinen Entwurf und notiert sich die Farben, das Gelb, das Rot, das Orange, er merkt, dass ihm fast die Adjektive fehlen für das, was er heute dort oben sieht. Da bläst ihm der Wind beinahe den Hut vom Kopf, und es kommen schon wieder die nächsten Regenwolken von Westen, die das letzte Licht verschlucken. Wir schreiben den Sommer 1816, aber eigentlich tut dieser Sommer nur so, als wäre er ein Sommer. Es regnet und regnet und regnet, die Elbe steigt über die Ufer und reißt Stämme mit sich, die elbaufwärts am Ufer lagern. Und es ist kalt, für die Jahreszeit zu kühl, wie man das heute sagen würde, viel zu kühl. Erst im späten Mai treiben die Bäume aus und noch an Pfingsten, so schreibt

Friedrich abends an seinen Bruder, habe er die Stube mit viel Holz heizen müssen, damit er nicht friere. Aber am nächsten Morgen tröstet ihn der Himmel über die kalte Frühsommernacht hinweg, die Wolken haben sich kurz verzogen, und das nächste Festspiel aus Orange und Gelb und Rot beginnt. Auch morgens, wenn es dämmert, geht Friedrich immer seine Runde, runter an die Elbe, den noch schläfrigen Fluss entlang, er lässt sich von seinem gleichmäßigen Gleiten beruhigen, und er genießt es zu sehen, wie die Nacht ganz langsam dem Tag weicht und oben am Himmel die Sichel des Mondes verblasst. Als er zurück in seinem Atelier ist, beginnt er zu malen. Ein kleines Bild mit einem spektakulären Himmel, genau so, wie er ihn gestern Abend und auch heute früh flackern gesehen hat. Dann setzt er auf dem Bild eine Frau davor, nur von hinten gesehen, er hat jetzt gelernt, dass dann nicht so auffällt, dass er keine Figuren malen kann. Sie trägt ein feierliches Gewand und hebt leicht ihre Arme, wie eine Priesterin, deren Haupt bekrönt ist. Sie huldigt dem ungeheuerlichen Feuer am Firmament, sie sieht es als Zeichen Gottes.

*

Erst viel, viel später wird man verstehen, dass es der Ausbruch des Vulkans Tambora am 15. April 1815 auf der indonesischen Insel Sumbawa gewesen ist, der das Klima mit seinen ausgestoßenen Magmamengen und Aschewolken weltweit verändert – es regnet unaufhörlich in

Europa, es ist ein Jahr ohne Sommer und voller Missernten und Hungersnöte. Die winzigen Partikel der Schwefelwolken, die sich durch Winde um den Globus verteilt haben, verhindern, dass sich die Erde so erwärmen kann wie sonst. Wenn aber eben doch einmal die Sonne die Oberhand gewinnt und ihre Strahlen durch diese Abermillionen Schwefelteilchen hindurchsenden kann, dann entstehen durch die Lichtstreuung Farben von nie gesehener Kraft. Gerade morgens und abends, wenn die Sonne noch schräg steht, ist das Spektakel am Himmel am größten. Allein die Maler erzählen uns Heutigen noch von dieser Naturkatastrophe. Ihre feurigen Himmel von 1815/1816 sind purer Realismus. Auch der Himmel über England leuchtet damals, wenn der Tag sich neigt, in nie gesehenen Farben. William Turners grell durchlichtete Gemälde zeugen bis heute davon.

*

»Frau vor untergehender Sonne« heißt besagtes Bild Friedrichs mit den magischen, aber unsichtbaren Vulkanpartikeln in der leuchtenden Luft, also meistens heißt es so. Manchmal heißt es eben auch »Frau vor aufgehender Sonne«. Die Experten sind heillos zerstritten, jemand hat sogar ausgerechnet, dass bis 1974 von 30 Interpretationen 26 für die Morgendämmerung waren und nur vier für die Abenddämmerung. Inzwischen hat sich das Blatt etwas gewendet und es steht unentschieden zwischen Sonnenaufgang und Sonnenuntergang. Und wie es sich für ein Unentschieden gehört, geht der Streit nun erst mal in die Verlängerung.

*

Und wer ist wohl die Frau vor dem vulkanischen Himmelsfeuer? Es gibt drei Kandidatinnen. Und da Friedrich um 1816 vollständig dazu übergegangen ist, Männlein wie Weiblein von hinten zu malen, müssen wir es bei Vermutungen belassen (wenn denn überhaupt eine konkrete Dame gemeint ist). Zu der ungewöhnlichen Geste jedenfalls, den ehrfurchtsvoll zum Himmel erhobenen Armen, könnten ihn jene Adorantinnen-Figuren an der Stadtseite des Neuen Tores in Neubrandenburg inspiriert haben. Das spräche für Julie Krämer, von der sich ein Brief aus dem Jahr 1815 an Friedrichs Bruder und Intimus Christian erhalten hat, in dem sie, obschon wohl anderweitig verheiratet, uferlos von dem Maler schwärmt. Da im Jahr der Entstehung Amalie, die Frau seines Bruders Heinrich, gestorben ist, könnte das Gemälde vor dem leuchtenden Vulkanstaub aber eher ein Gedächtnisbild für sie darstellen. Dass sich das Bild im Besitz von Friedrichs Bruder Heinrich befunden und zuletzt dessen Schwiegertochter gehört hat, würde diese Vermutung unterstützen. Schließlich aber wissen wir auch um den Verlobungsring von Caroline Bommer, jener Dame, die den 44-jährigen Maler 1818 aus seinem ewigen Junggesellendasein erlöst. Und dieser Verlobungsring trägt die Jahreszahl 1816. Es würde der Geschwindigkeit Friedrichs entsprechen, dass er die arme Braut zwei Jahre auf sein Jawort warten lässt. Aber vermutlich wartet er auch, bis er als Mitglied der Dresdner Akademie endlich seine 150 Taler Gehalt bekommt, mit denen er naiverweise glaubt, eine Familie gut ernähren zu können. Er hat Line wohl in dem Dresdner Laden ihres Bruders kennengelernt, in dem der kauzige Friedrich seine Bleistifte kauft, genau weiß man es nicht. Das Einzige, was man weiß, ist, dass Friedrich, als er Freunden erzählt, dass er wohl bald heiraten werde, auf Nachfrage den genauen Vornamen seiner Braut nicht kennt. Auch deren Nachname hat eine besondere Bewandtnis: Eigentlich heißt die Familie noch Pommer, als sie ein paar Jahre zuvor aus Hessen nach Dresden übergesiedelt ist – aber irgendwann ist es der Vater leid, angesichts des sehr breiten Dresdner Dialektes, der aus dem P verlässlich ein B macht, immer als »Bommer« angesprochen zu werden, und so trägt er den weichgeschliffenen neuen Namen ins Register ein. Um ein Haar also hätte ein Pommer eine Pommer geheiratet. Friedrich wird sich in einem Brief an seine Brüder auch genau darüber amüsieren und rätseln, warum die Familie wohl dieses prächtige P im Nachnamen getilgt hat.

Dass der große Romantiker Friedrich in Sachen Liebe eher sachlich veranlagt ist, zeigt sich auch an der Gästeschar und der Uhrzeit der Trauung: Er heiratet die 25-jährige unscheinbare und treuherzige Caroline Bommer am 21. Januar des Jahres 1818 – und zwar um Schlag sechs Uhr morgens. Es ist also noch stockdunkel draußen, nur ein paar Kerzen erleuchten die Gesichter des

Brautpaares in der Dresdner Kreuzkirche. Anwesend sind nur Carolines Mutter und Bruder. Es wirkt, als solle niemand etwas merken. Als das junge Paar nach der Trauung nach Hause kommt, fahren sie nicht in die Flitterwochen. Friedrich geht stattdessen wie selbstverständlich ins Atelier und malt weiter, als sei nichts gewesen. Es sei verrückt, schreibt er ein paar Tage später an seine Brüder, dass nun ein Wesen in seiner Wohnung ist, das ihn mittags bitte, zum Essen zu kommen. Und abends könne er leider nicht mehr rausgehen und die Natur einatmen, weil seine Frau mit ihm plaudern will. Alles sei ganz merkwürdig: »Es ist schnurrig, daß alles, was ich jetzt unternehme, immer mit Rücksicht auf meine Frau geschieht und geschehen muß.« Na gut, vielleicht hat Friedrich mit der verherrlichenden Frauenfigur, die ihre Arme in den von Vulkanstein verzauberten Himmel hebt, doch nicht seine Gattin gemalt. »Richte dein Vergnügen nach deinen Mitteln ein« – so heißt es auf einem fein säuberlich gemalten Blatt der Selbstermahnung des 14-jährigen Friedrich vom 1. März 1789. Und daran hält er sich offenbar ein Leben lang. Friedrich, so schreibt die Frau seines Malerfreundes von Kügelgen, sei der »Unpaarste aller Unpaaren«. Aber irgendwie lässt er sich wohl doch für ein paar Augenblicke einfangen, ja, so schreibt er an seine Brüder, nun stünde auch in seiner Wohnung ein »Lotterbett«. Das ist den späteren Herausgebern seiner Schriften so peinlich und widerspricht ihrer Verherrlichung des keuschen Christenmenschen dermaßen, dass sie diese Passage jedes Mal aus den Briefen streichen. Aber auch sie können nicht verhindern, dass ihr geliebter Mönch vom Meer im Lotterbett mit Caroline drei Kinder zeugt.

*

Caroline Bommer macht dem kühlen Pommern Caspar David Friedrich auch ansonsten Feuer. Gleich nach der Heirat kauft sie, weil Friedrich gerade mehrere Gemälde an den Mann gebracht hat, großzügig neuen Hausrat für die karge Junggesellenbude an der Elbe. So gibt es bald einen neuen Bratofen und einen Kachelofen, den sie beharrlich heizt und auf dem ständig die neue Kaffeekanne brutzelt. Es sei so unglaublich teuer, wenn man eine Frau zum Einkaufen schicke, so amüsiert sich Friedrich, plötzlich besitzen sie also »eine Kaffeetrommel, eine Kaffeemühle, einen Kaffeetrichter, einen Kaffeesack, eine Kaffeekanne und eine Kaffeetasse«. Erstaunlich, so wundert er sich und nimmt einen Schluck Kaffee, »was alles nöthig geworden ist«. Ein kleiner brauner Kaffeefleck auf dem Brief vom 28. Januar 1818 erzählt bis heute davon, dass er das neue Getränk und das neue Leben durchaus auch genossen hat.

*

Die Sorge darum, ob wohl das Feuer schon behaglich brennt, wenn er vom abendlichen Spaziergang durch die kühle Luft wieder nach Hause kommt, ist letztlich der Grund, der den eingefleischten Junggesellen Friedrich dann doch vor den Traualtar führt. Es gibt eine Schilderung seines Lebens, die in den Dresdner *Blättern für die literarische Unterhaltung* kurz nach seinem Tod erschienen ist, wo genau berichtet wird, wie Friedrich eines Tages auf der Augustusbrücke in der Abenddämmerung diese fundamentale Entscheidung trifft. Wie üblich macht Friedrich gerade seinen langen Abendspaziergang an der Elbe, als ihm einfällt, dass die alte Nachbarin, die sonst immer das Feuer in seinem Ofen schürt, damit es brennt, wenn er spät nach Hause kommt, verreist ist. Zufällig trifft er zwei Minuten später den Besitzer jenes kleinen Ladens in der Pirnaischen Vorstadt, in dem er immer seine Bleistifte kauft. Und er erinnert sich beim freundlichen Grüßen an dessen warmherzige Schwester, die er so oft im Laden am Fenster sitzen sieht. Wenn sie, so denkt Friedrich, bei ihm wohnte, »dann würde es ihm abends bei seiner Heimkehr nicht an Feuer fehlen«. Und so kommt es: Die Schwester am Fenster wird seine Frau, und ihr Bruder, der Bleistiftverkäufer von der Augustusbrücke, wird ihr Trauzeuge. Und vor allem: Immer, wenn Friedrich in den nächsten 20 Jahren von seinen abendlichen Wanderungen nach Hause kommt, brennt schon das Feuer.

*

Nach seiner Rückkehr vom Vesuv nach Dresden bezieht der norwegische Maler Johan Christian Clausen Dahl wieder seine Wohnung direkt über Caspar David Friedrich im Haus An der Elbe 33. Der kernige Norweger und der kauzige Pommer malen ganz unterschiedlich und denken ganz unterschiedlich, aber sie mögen sich gerne und schätzen die Arbeit des anderen. Manchmal schleicht Friedrich über die Treppe hoch und sie stehen still gemeinsam am Fenster, wenn Dahl hinausschaut und malt. Friedrich bewundert Dahl dafür, wie er in Windeseile die am Himmel vorbeifliegenden Wolken mit seinen Ölfarben einfängt. Wenn Dahl herunterkommt zu Friedrich und sich zu ihm in sein Atelier setzt, dann holt Friedrich einen zweiten Stuhl aus der Kammer, und Dahl muss sich erst langsam an die Dunkelheit gewöhnen. Friedrich hat seine Fenster zur Elbe unten fein säuberlich mit Holzläden zugebaut, damit ihn nicht zu viel Tageslicht bei der Arbeit stört, ja, während oben Dahl das Licht und den Himmel feiert, hat sich Friedrich direkt unter ihm eine regelrechte Dunkelkammer aufgebaut. Er wolle, so sagt er ja immer, sein äußeres Auge schließen, damit die Bilder vor seinem inneren Auge auftauchen. Und die male er dann. Dahl findet das zu kompliziert, und es ist ihm fremd, so hinten durch die Brust ins Auge, aber er ist fasziniert davon, was dieser seltsame, rührende Friedrich da offenbar alles in seinem Innern sieht. Vor allem erscheint da wohl ständig der Mond, denn jede zweite Landschaft, die Friedrich malt, ist ein Nachtstück, immer spiegelt sich der Mondschein irgendwo, in der Ostsee, in der Elbe oder wenigstens in einem sächsischen Tümpel. Andere Menschen würden ja immer davon reden, dass sie hoffen, nach ihrem Tod in den Himmel zu kommen. Er komme stattdessen, so scherzt Friedrich, wahrscheinlich eher auf den Mond.

Ob er es nicht doch einmal mit der Sonne versuchen wolle, fragt ihn Dahl schelmisch. Der Tag habe doch 24 Stunden, und der Mond sei doch nur der Herrscher der Nacht. Da lächelt Friedrich. Ja, das wisse er. Aber was solle er tun. Er liebe die Dunkelheit, nur sie könne ihn ein wenig trösten. Die Dämmerung sei der schönste Moment des Tages, sie trage immer das Warmherzige des Dunkels schon oder noch in sich, und wie gut, dass es sie immer gleich zweimal am Tage gibt. Ob sie nicht heute gemeinsam den Spaziergang machen wollen, den er jeden Tag mache, wenn sich die Sonne endlich verabschiede. Dahl willigt ein. Und so steigen sie dann die Treppe hinunter und gehen lange an der Elbe entlang, die ihnen lautlos entgegenströmt. Am Ufer machen die Fischer und Schiffer ihre Boote fest und entzünden kleine Feuer, um sich zu wärmen und Fisch zu braten. Aber Friedrich und Dahl ist nicht kalt, sie kommen aus dem Norden, sie mögen den seltsamen Wind, der hier immer an der Elbe bläst und die hohen Pappeln so schön zum Rauschen bringt. Irgendwann steigt der Mond auf über der Stadt, er kommt hinter den dicken, fliegenden Wolken hervor und leuchtet hell und Friedrich wird ganz andächtig und ruhig.

Da versucht es Dahl erneut, er erzählt ihm davon, dass auch in Italien nachts der Mond scheine. Ja, dass es auch im Süden Schatten gebe und manchmal eine kühle Nacht. Aber Friedrich macht eine abwehrende Handbewegung. Warum, so fragt er Dahl, warum solle er dorthin? Dann fängt Dahl wieder an, vom Feuer des Vesuv zu erzählen und vom einzigartigen kristallklaren Licht. Aber Friedrich bleibt ungerührt. Seinem Freund Lund, der ebenfalls versucht hat, ihn nach Italien zu locken, hat er einmal geschrieben, er könne das nicht machen, weil er danach sicher nie mehr wegwollen würde aus dem Süden. Keine Ahnung, ob der ihm das geglaubt hat. Denn das ist natürlich eine Ausrede gewesen. Die klassische Ausrede eines Protestanten. In Wahrheit hat er einfach Angst. Italien ist ihm zu weit weg, und ihm graut vor der Hitze und der ewigen knallen Sonne. Ach, wie liebt er es, in seinem kühlen Dresdner Zimmer mit dem Pelzmantel bekleidet tagaus, tagein seine Mondscheinlandschaften zu malen. Und nur in der Dämmerung vor die Tür zu gehen. Er ahnt, dass ihn das ganze Tageslicht überfordern würde im Süden, wie zu viele Flaschen voll süßem Wein. Irgendwann merkt Dahl, dass er seinen Nachbarn nur quält, wenn er ihn immer wieder dorthin locken will. Er muss andere Mittel ergreifen. Und so zeichnet er Friedrich einmal bei einem gemeinsamen Spaziergang an der Elbe mit seinem Mantel und seinem Zylinder, von hinten natürlich, so wie es Friedrich selbst auch gemacht hätte. Und dann nimmt Dahl diese Figur und verpflanzt sie für sein Gemälde »Ausbruch des Vesuv« aus dem Jahre 1826 einfach an den Rande des Vulkankraters. Und da steht nun seitdem diese kleine Friedrich-Figur und schaut in den feurigen und dampfenden Schlund des wilden Vesuv. Er hat die Hände hinter dem Rücken verschränkt, als schaue er auf einen wärmenden Kamin, daneben hat

Dahl sich selbst gemalt. Zwei Männer in Betrachtung des Magmas. Und damit sich Friedrich auch wirklich wohlfühlt in Italien, hat Dahl dessen Besuch auf dem Vesuv freundlicherweise in die Nacht gelegt.

*

Im Oktober des Jahres 1800 berichtet Caspar David Friedrich seinem dänischen Freund Lund in einem Brief, dass die beiden schönen Töchter der Wirtin noch immer an ihn denken: »Oh wie oft seufzen die beiden Madmosels, ach, das waren selige Tage wie Herr Lund noch da war.« Und dann erzählt Friedrich ihm von einem legendären Trio infernale, das gerade Dresden besucht: William Hamilton, Lady Hamilton und Lord Nelson. Das Dreiergespann befindet sich gerade auf seiner langen Heimreise nach England, von Neapel aus geht es quer durch Europa. Eigentlich ist Hamilton als Botschafter des englischen Königreiches nach Süditalien gekommen, doch dann ist er dort zum Botschafter des Vesuv und Pompeiis geworden und der Erste, der den Vulkan wissenschaftlich zu verstehen versucht, als *Vulcano Lover* hat ihn Susan Sontag porträtiert. Mit 61 Jahren hat er die 26-jährige Tänzerin Emma Lyon geheiratet, die davor die Geliebte seines Neffen gewesen ist und inzwischen die Geliebte des einarmigen und einäugigen englischen Kriegshelden Lord Nelson. Als sie in Wien sind, komponiert Joseph Haydn spontan ein Loblied auf Nelson, er setzt sich ans Klavier, und dazu singt Lady Hamilton in einem ihrer durchsichtigen Kleider, ihr Gatte sitzt mit gequältem Lächeln in der ersten Reihe. Dem Dresdner Hof jedoch ist dieses amoralische Treiben zuwider, man empfängt nur die Herren, nicht die Lady, aber das Trio verschmerzt es und fährt weiter elbabwärts. Im Wörlitzer Gartenreich machen sie Station beim Fürsten Franz und besehen staunend den winzigen Vesuv, den er in sein Gartenreich gebaut hat und den er zum Besuch der hohen Gäste auf Knopfdruck Feuer speien lässt.

*

Zwei Männer in Betrachtung des Feuers: Als Friedrich mit seinem Malerfreund Georg Kersting durch Neubrandenburg wandert, die Stadt seiner Eltern und Großeltern, da zeigt er ihm die Schmiede der Familie Bechly in der Badstüberstraße, in der seine Mutter groß geworden ist. Gemeinsam schauen sie zu, wie das glühende Eisen geschmiedet wird. Kersting, der gerade nach Kopenhagen gehen will, um dort wie Friedrich Malerei zu studieren, macht Skizzen in der Schmiede und malt Jahre später ein Bild danach. 1809 wird Kersting die Schmiede von Friedrichs Großvater als Gemälde in der Kopenhagener Akademie ausstellen. Das Feuer hallt hellrot wider in den Gesichtern der Familie. Das Bild muss gut gewesen sein, er wird dafür mit einer Medaille ausgezeichnet. Im Jahr 1810, als er wieder in Neubrandenburg ist, schenkt Kersting das Gemälde den Bechlys, die es für über ein Jahrhundert stolz in ihrem Wohnzimmer hängen haben.

Danach geht Kersting mit Friedrich nach Dresden und malt ihn dort in seinem Atelier, so dass wir uns das bis heute ganz genau vorstellen können.

*

Friedrich strengt es immer sehr an, wenn er seiner Frau Line Briefe schreiben muss, denn was um Himmels willen soll er ihr bloß erzählen? Es geschieht doch nichts. Er steht auf, malt, legt sich wieder hin. Ein Spaziergang in der Dämmerung, »Stunden der Erholung des Abends auf einsamen Gängen«. So lebt er dahin. Tagaus, tagein. Aber er weiß, dass seine Frau irgendwas von ihm hören will, solange sie bei Freunden ist. Denn so verzückt er ist über sein erstes Kind, die süße Emma, so schwer fällt es ihm, in Ruhe einen Baum zu malen, wenn sie nebenan quengelt. Oder gar an einem Himmel. Line spürt das und fährt darum in diesem Sommer 1822 für ein paar Wochen mit Kind und Kegel ins Landhaus des Malerfreundes Kersting. Und so schreibt ihr Friedrich dankbar: »Alles ist Stille – Stille – Stille.« Wenn er beschreiben wolle, was geschehen sei in der letzten Zeit, dann könne er ihr auch einfach ein unbeschriebenes Blatt Papier schicken. Macht er dann aber doch nicht, weil er weiß, dass Line dann schmollen würde. Es stresst ihn, dass sie ihm so ewig lange Briefe mit Nichtigkeiten schickt und er nicht weiß, wie er darauf genauso ausführlich reagieren soll. Schreiben sei für ihn, so hat er einmal gesagt, wie durch einen Sumpf zu waten, er sinke immer tiefer ein. Ein paar Tage doktert er meist an seinen Briefen rum, damit sie länger werden. Am 10. Juli 1822 dann hat er endlich was zu erzählen: Im Großen Garten ist ein »nicht unbedeutender Fleck Gras weggebrannt, nicht etwa von der Sonne, sondern vom Feuer«. Die Feuerwehr habe aus Strehlen kommen müssen, um es zu löschen. Ach, und die Tauben brüten am Fensterbrett, schreibt er an Line, und … man spürt, wie er überlegt, was er noch berichten könnte, ah, da ist ihm doch noch was eingefallen: »das Bier ist gekommen und die Wäschefrau auch«. So weit also die *Dresdner Neuesten Nachrichten* vom 10. Juli 1822.

*

Von der ersten Sekunde ihres Lebens an hat diese Frau gesammelt. Zuerst sammelt sie Vornamen. Sie heißt, Achtung, Mathilde Marie Auguste Viktorie Leopoldine Karoline Luise Franziska Josepha. Doch das hilft alles nichts. Es findet sich einfach kein Mann, der bei dieser Vornamenprozession das Kreuz tragen und seinen Nachnamen dranhängen will. Dafür ist sie ganz offenbar zu trutschig und zu schräg, obwohl sie eine Prinzessin von Sachsen ist. Erst tut ihr stinkkonservativer Vater alles dafür, dass sie der Kronprinz Rudolf von Österreich-Ungarn zur Frau nimmt, doch der entscheidet sich für die schöne Prinzessin Stephanie Clotilde Louise Hermine Marie Charlotte von Belgien. Dann soll Franz Ferdinand von Österreich, der spätere österreichische Thronfolger, ihr Gemahl werden, doch auch der liebt eine andere

Dame, die zufälligerweise ebenfalls in Dresden bei ihrem Vater lebt: Sophie Chotek von Chotkowa. Es ist für die Prinzessin Mathilde etc. eine besondere Schmach, dass der Thronfolger ihr ausgerechnet eine dahergelaufene böhmische Gräfin aus der Nachbarschaft vorzieht, mit der er nie eine standesgemäße Ehe führen kann. Aber eventuell sind die von den österreichischen Kronprinzen verweigerten Ehen auch ein Segen für Mathilde, denn Rudolf erschießt sich schon im Jahre 1889, und Franz Ferdinand wird dann am 28. Juni 1914 mit seiner Ehefrau Sophie in Sarajewo in ihrem Wagen erschossen, und der Erste Weltkrieg bricht aus. Im Heeresgeschichtlichen Museum in Wien kann man bis heute das Automobil besichtigen, samt Einschusslöchern, und natürlich auch das Einstecktuch von Sophie mit den Blutflecken, die Österreicher lieben so etwas.

Nachdem sie also zweimal öffentlich verschmäht worden ist, zieht sich Mathilde Marie Auguste Viktorie Leopoldine Karoline Luise Franziska Josepha für den Rest ihres Lebens in den Schmollwinkel zurück, einen Schmollwinkel allerdings, der den Ausmaßen ihrer Vornamen entspricht: erst das Schloss in Pillnitz, dann das Taschenbergpalais in Dresden. Dass sie als Ungeküsste ausgerechnet in jenen Schlafräumen wohnt, die der liebestolle August der Starke einst für seine Lieblingsmätresse, die Gräfin von Cosel gebaut hat, erheitert die Sachsen, die ja immer Freude haben, wenn sich Gott einen Spaß erlaubt. Prinzessin Mathildes Gesicht jedenfalls soll angeblich immer erröten, sobald sie jemand anspricht, und auch wenn sie in den nächsten Jahrzehnten neun Sprachen lernt, ist die der Liebe nicht darunter. Sie zieht im 19. Jahrhundert dieselben Kleider an wie im 20. und erforscht stattdessen das Liebesleben der Ameisen und Bienen oder malt idyllische Elblandschaften, auch diese bevorzugt menschenleer, es sei denn, sie malt den lieben Herrn Jesus höchstpersönlich oder ihren treuen Kammerdiener Paul. Und sie geht ihrer Sammelleidenschaft nach und erbt von ihren Vorfahren unter anderem Werke von Caspar David Friedrich, jenem Dresdner Maler also, den der sächsische Hof zu dessen Lebzeiten schnöde verschmäht hat.

Ihre Schwägerin Luise, die eigentlich auf den bombastischen Namen Luise Antonia Maria Theresia Josepha Johanna Leopoldine Karolina Ferdinande Alice Ernestina von Österreich-Toskana hört, schreibt in ihren ausufernden Memoiren über Prinzessin Mathilde, dass diese sehr »außergewöhnlich« sei, denn »ihr fehlt alles Weibliche ganz«. Nicht so nett. Noch weniger nett: Ludwig Renn, dessen Vater ihr Erzieher am Hofe gewesen ist, schreibt etwas präziser, Mathilde sei »dick und hässlich« gewesen, allerdings heißt sein Buch auch *Adel im Untergang*. Mathildes Schwägerin Luise führt dann dezidiert aus, zu welchen Problemen das erhebliche Körpergewicht der Schwester des letzten sächsischen Königs führt: Man habe sehr lange nach besonders starken und breiten Pferden suchen müssen, die nicht unter dem Gewicht ihrer Schwägerin zusammenbrechen. So schreibt Luise allerdings auch erst über ihre Schwägerin, nachdem sie deren Bruder, ihre fünf Kinder und damit den ganzen sächsischen Hof ein paar Jahre vorher fluchtartig verlassen hat, um, erneut schwanger, mit dem Erzieher ihrer kleinen Kinder durchzubrennen.

Genau zu dem Zeitpunkt, als durch Luise von Toskanas Memoiren *Mein Lebensweg* Mathildes körperliche Ausmaße öffentlich lächerlich gemacht werden, trifft die arme Prinzessin der nächste Schicksalsschlag: Am Abend des 14. Januar 1911, einem nasskalten Samstag, bricht gegen 22 Uhr ein Feuer in ihren Räumen in der zweiten Etage des Taschenbergpalais aus. Die *Dresdner Neuesten Nachrichten* unterrichten ihre Leser am Montag, dass die Prinzessin Mathilde gerade mit ihren Hofdamen unter dem Weihnachtsbaum gesessen – ja, richtig: unter dem Weihnachtsbaum, denn in Sachsen feierte man damals Weihnachten bis zu Maria Lichtmeß Anfang Februar – und »Stille Nacht, Heilige Nacht« gesungen habe, als eine Kerze vom Baum gefallen sei, woraufhin der Teppich sofort Feuer gefangen habe. Dieses sei »im Nu«, wie es in dem Artikel heißt, auf die Gardinen und die Plüschmöbel übergesprungen. Die Prinzessin und die Hofdamen haben die Räume schreiend verlassen und sind Richtung Treppenhaus geeilt. Der Diener Paul Delank habe mit dem Telefon sofort die Feuerwehr gerufen, die mit zwei Löschzügen zum Taschenbergpalais gerast sei, um, so die Zeitung, »dem verheerenden Element« zu trotzen. Doch als die Feuerwehrleute die zweite Etage erreicht haben, haben Delank und Prinzessin Mathilde mit einem eilends herbeigeholten Gartenschlauch bereits eigenständig mit den Löscharbeiten begonnen. Für diesen Heldenmut wird Mathildes Lieblingsdiener danach vom Sächsischen Königshaus ausgezeichnet. Dank des schnellen Eingreifens ist es gelungen, das Ausgreifen des Feuers auf andere Räume zu verhindern. Als der besorgte König eingetroffen ist, hat sich die Lage schon beruhigt. Aber das Speisezimmer ist vollständig verbrannt, ebenso der Weihnachtsbaum, und »etwa zwanzig wertvolle Gemälde fielen dem Feuer zum Opfer«, so die *Dresdner Neuesten Nachrichten*.

Darunter sind mindestens zwei bedeutende Gemälde von Caspar David Friedrich. Der »Morgen im Gebirge«, den 1868 Prinz Georg von Sachsen erworben hat, und die »Gebirgsgegend in Abendbeleuchtung« aus dem Besitz König Antons von Sachsen, beide hat später Prinzessin Mathilde geerbt. Es gibt ein Gemälde jenes ausgebrannten Speisezimmers, das die Prinzessin ein paar Jahre zuvor gemalt hat, da sieht man an der Wand ein paar Bilder hängen, eines dürfte der besagte gebirgige Morgen sein, eines der gebirgige Abend, daneben weitere Werke, die sehr nach gebirgigen Friedrichs aussehen. Am 14. Januar 1911 verbrennen sie alle in den lodernden Flammen, die sie vom plüschigen Teppich aus erfassen, den die Weihnachtsbaumkerzen entzündet haben.

Im nächsten Jahr nimmt ihr Bruder, Prinz Johann Georg, die noch immer von dem Brand und den frisch erschienenen Memoiren ihrer klatschsüchtigen Schwägerin geschockte Prinzessin Mathilde kurzerhand mit auf seine Reise nach Ägypten. Und ausgerechnet am Nachmittag jenes 6. Dezember 1912, an dem sie mit imposanten Tropenhelmen und in unglaublicher, stehender Hitze die Ausgrabungsstätten von Tell el-Amarna besuchen, wird dort die lebensgroße bemalte Büste der Nofretete aus uraltem Sand geborgen. Auch wenn ihr eine standesgemäße Ehe versagt bleibt, so gelingt Mathilde etc. also doch immerhin kurz vor der Abschaffung der Monarchie in Deutschland noch eine standesgemäße Ausgrabung: Prinzessin Mathilde Marie Auguste Viktorie Leopoldine Karoline Luise Franziska Josepha von Sachsen ist die erste Frau, die der Königin Nofretete nach 3000 Jahren Schlummer im Wüstensand in die Augen blicken darf, vielleicht ist sie sogar die Erste, die sie je gesehen hat, denn die Büste wird aus der Bildhauerwerkstatt Thutmose geborgen, kurz bevor sie ganz fertig war. Prinzessin Mathilde etc. fängt sofort Feuer und beginnt – das erste Mal in ihrem Leben – vor Entzücken zu schreien. Der Leiter der Ausgrabung Ludwig Borchardt notiert daraufhin abends leicht genervt in sein Tagebuch: »Während der Funde herrscht mehr Aufregung unter den königlichen Besuchern als wünschenswert.« Aber ist es nicht schön, dass nach diesem Leben, in dem weitaus weniger Freude geherrscht hat als wünschenswert, wenigstens doch noch einmal etwas Aufregendes geschehen ist?

*

Vier Stunden dauert der Marsch von Greifswald in das südlich gelegene Gützkow, wo ein uraltes Hünengrab am Stadtrand liegt. Caspar David Friedrich liebt diese steinernen Zeugen aus uralter Vergangenheit, die ihm ihre geheimen Botschaften zuflüstern. Am 16. September 1802 macht Friedrich die Wanderung gemeinsam mit seinem alten Greifswalder Zeichenlehrer Quistorp, der sich erst einmal oben auf den obersten Stein legt, als sie angekommen sind. Er raucht ein Pfeifchen, und der Qualm steigt senkrecht in den windstillen Himmel.

Caspar David Friedrich hingegen will nicht ruhen, er nimmt seinen Stift und sein Skizzenbuch und malt jeden der vier halbvergrabenen Steine fein säuberlich und genau und setzt am Schluss den prächtigen Deckstein obenauf – samt seinem pfeiferauchenden Lehrer. Als er dann 1807 eines seiner ersten Ölbilder malt, das »Hünengrab im Schnee«, da stellt er steinalte Eichen um die germanische Grabesstätte, lässt den Winter mit seinem Eiseshauch darüberziehen und macht das Ganze zu einem ahnungsvollen Bild aus fernen germanischen Reichen. Es sind die Jahre der französischen Kriege, der Niederlagen bei Jena und Auerstedt, und Friedrich versucht trotzig, alte Ahnen zu beschwören, um den Gefahren der Gegenwart zu begegnen. Aber er hat seine Rechnung ohne den Gützkower Bürgermeister Johann Balthasar Pütter gemacht. Denn kaum hat Friedrich die Vergangenheit beschworen, jagt Pütter sie in die Luft. Fast 50 Meter weit stieben die Gesteinsbrocken durch die Gegend, als der Bürgermeister eigenhändig die Zündschnur am Sprengstoff angezündet hat. Das Grab, das seit der Jungsteinzeit Jahrtausende überlebt hat, wird nun dem Erdboden gleichgemacht, er wolle, sagt der Bürgermeister, hier gerne Gewerbe ansiedeln. Schon wenig später trifft Bürgermeister Pütter der Zorn der Götter, und er stirbt, wie vom Blitz getroffen.

*

Im Leipzig der 1920er und 1930er Jahre gibt es einen legendären Sammler von Kunst und Musikalien, er ist ein unscheinbarer Sparkassenangestellter und heißt Manfred Gorke. Seine Kunstschätze, die er sich vom Munde abspart, hütet er in seiner Wohnung in Leipzig wie seinen Augapfel. So besitzt er die originalen Notenblätter der Violinsonate in G-Dur BWV 1021 von Johann Sebastian Bach, die erst nach Gorkes Fund 1928 uraufgeführt wird. Vor allem gehören ihm aber zahlreiche Kunstwerke der Dresdner Romantik: von Philipp Otto Runge, von Carl Gustav Carus und Caspar David Friedrich. Gorke stammt aus dem schlesischen Hirschberg, ein von Friedrich besonders geliebter Ort im Riesengebirge, darum fühlt sich Gorke unserem Freund besonders verbunden. Noch im Frühjahr 1943, als die alliierten Bomber schon über Deutschland fliegen, stellt Gorke in der Monatszeitschrift *Die Kunst* ein wiederentdecktes Friedhofsgemälde von Caspar David Friedrich aus dem Jahre 1822 vor, das die Kunsthandlung C.G. Boerner aus Leipzig 1943 an die Kunsthalle in Karlsruhe verkauft hat. Und während er seine Bilder von Carus und Runge aus finanzieller Not in den ersten Kriegsjahren abgeben muss, will er doch nie von seinen Caspar David Friedrichs lassen.

Als die Kämpfe des Zweiten Weltkrieges mit ihren Fliegerangriffen immer näher rücken, entschließt sich Manfred Gorke, seine der Forschung unbekannten Werke Friedrichs im Kunsthistorischen Seminar der Leipziger Universität in Sicherheit zu bringen und fotografieren zu lassen. Persönlich übergibt er sie am Nachmittag des 3. Dezember 1943 der Universität. Doch ausgerechnet in den frühen Morgenstunden des nächsten Tages, am 4. Dezember 1943, bombardieren zwischen 3.50 und 4.25 Uhr insgesamt 400 Flugzeuge der britischen Armee die gesamte Innenstadt Leipzigs. Sie werfen unzählige Spreng- und Brandbomben ab und setzen die gesamte Innenstadt in Flammen. Das Universitätsviertel wird zerstört, das kunsthistorische Institut von einer Feuersbrunst niedergewalzt, und Manfred Gorkes Caspar David Friedrichs werden zwölf Stunden nach ihrer Sicherstellung zu Asche. Neben einem Ölgemälde Friedrichs, das den Titel »Tannen an einem Berghang im Abendrot« trägt, wird auch eine der Sepiaansichten aus der legendären Serie von Friedrichs 37 Rügenansichten ein Opfer der Flammen. Außerdem verbrennen zahlreiche Friedrich-Zeichnungen von der Ostsee und dem Elbsandsteingebirge. »Die Bilder sind restlos verbrannt, bevor die Aufnahmen gemacht wurden«, heißt es in dem Brief eines Freundes lapidar. Gorkes Wohnung, in der die Friedrichs bis zum Nachmittag des 3. Dezember 1943 gehangen haben, übersteht den Krieg übrigens unbeschadet.

*

Caspar David Friedrich ist besessen vom Feuer. Es macht ihm eine Heidenangst, wenn es irgendwo brennt. Riecht er bei seinen Spaziergängen morgens und abends Rauch, dann gerät er in Panik. Kaum einer seiner Briefe an die Brüder endet ohne den Hinweis auf einen Brand: Bevor er seine herzlichen Grüße sendet, vermeldet er immer ein Feuer irgendwo in Dresden oder den umliegenden Dörfern oder berichtet, wessen Hab und Gut durch eine »Feuersbrunst« zerstört worden sei. Am 20. Januar 1824 entwickelt er sogar ein Feuerleitsystem für seine Heimatstadt Greifswald. Durch Glockenschläge der Kirchen solle angezeigt werden, »wo die Gefahr sei«. Also Richtung Steintor etwa drei Schläge, zum Fleischertor vier Schläge. Und so weiter. Wenn es in der ganzen Stadt brennt, dann sollen die Glocken von St. Nikolai insgesamt sechsmal läuten, »mit kurzem Innehalten dazwischen«. Und wenn es durch das Geschrei der Flüchtenden in den Gassen zu laut werde, dann müssten die Nachtwächter mit ihren Hörnern die Warnung übernehmen. Und damit alle wissen, was die jeweiligen Glockenschläge zu bedeuten haben, müssten »in einem jeden Hause die Feuerzeichen für einen jeden zu lesen sein«. Der Romantiker als Brandschutzbeauftragter.

*

Als er noch ein junger Spund gewesen ist, tatendurstig und unruhig, da hat es Caspar David Friedrich von Dresden aus immer mal ein paar Kilometer elbaufwärts gezogen, im behaglichen Loschwitz hat er einmal sogar eine Sommerwohnung gemietet und ist dann abends mit der kleinen Fähre hinüber zum anderen Ufer gefahren, zum Gasthof Blasewitz. Unter der warmen, tiefstehenden Sonne hat sich Friedrich im Garten zwischen den Linden ein schäumendes bayerisches Bier gegönnt. Auch viel später, nach der Heirat und als die Kinder da sind, sind sie am Wochenende im Sommer manchmal hierhergelaufen. Und wenn er endlich einmal ein Bild verkauft und ein paar Münzen übrig gehabt hat, dann haben die Kinder im Gasthof in Blasewitz eine Brause und er und Line ein Bier bekommen. Jetzt aber ist er alt, schwach und missmutig, ein echter Miesepeter, eigentlich kann ihn nichts mehr aus seiner abgedunkelten Stube locken, ein Schlaganfall lähmt zudem seine rechte Seite. Die Familie hungert oft, weil niemand mehr seine Bilder kaufen will. Friedrich ist irgendwie fertig mit der Welt. Doch in diesem Sommer 1837 gelingt es seiner zupackenden Tochter Emma, die gerade 18 Jahre alt geworden ist, ihren Vater doch vor die Tür zu bringen. Es ist ein herrlicher Julitag, die Sonne steht ruhig und satt am blauen Himmel, und vor ihrem Hause macht ein junger Elbfischer, den Emma schon oft aus dem Fenster der Wohnung beobachtet hat, gerade sein Boot fertig. Und jener Robert Krüger willigt ein, die Familie elbaufwärts zu chauffieren, die Strömung ist schwach an diesem Tag, und er ist kräftig.

Und so steigt die ganze Familie, also neben Friedrich und Emma auch Line, die Mutter, die 14-jährige Agnes und der dreizehnjährige Gustav Adolf aufs Boot, und sie rudern gen Blasewitz. Sie bestaunen das neue technische Wunderwerk auf der Elbe, das irrsinnige Wellen schlägt: Das erste Dampfschiff hat gerade seinen regulären Betrieb aufgenommen. In Blasewitz gehen sie von Bord und stützen den schwachen Vater auf dem Weg zum altbekannten Gasthof, wo sie ihm im Biergarten sein geliebtes bayerisches Bier bestellen. Für ein Essen reicht das Geld nicht. Als Caroline dem Kellner dankt, wirft ihr Friedrich einen zornigen Blick zu, er ist rasend eifersüchtig geworden, überall sieht er Gespenster und Liebhaber seiner Frau. Emma beginnt schnell, über das Wetter zu sprechen.

Genau zur gleichen Zeit wohnt in diesen Wochen ein kraftstrotzender, aber etwas zorniger Herr im Gasthof Blasewitz. Er trinkt gleichfalls gerne Bier, ist aber in diesen Wochen ganz vertieft in ein Buch und seine Notizen. Neben ihm am Tisch sitzt seine geduldig strickende Gattin, blickt immer mal wieder zu ihm hinüber und hofft auf kleine Arbeitspausen oder wenigstens einen scheuen Blick seinerseits. Doch Richard Wagner tut ihr diesen Gefallen nicht. Er ist abgetaucht, liest gerade Edward Bulwer-Lyttons Roman *Rienzi* und baut aus dieser Erzählung über das alte Rom seine eigene Oper, die er auch *Rienzi* nennen wird, weil ihm kein besserer Name einfällt. Wagner und seine Frau Minna quartieren sich hier im Gasthof Blasewitz fast zwei Monate ein, nachdem sie Königsberg Hals über Kopf verlassen mussten. Richard Wagner hat seine Frau, die junge Schauspielerin, in flagranti mit ihrem Liebhaber erwischt, woraufhin diese weinend zu ihren Eltern nach Dresden zurückgereist ist. Und Richard Wagner ist kurzerhand in jenem Gasthof eingezogen, in dem er in den 1820er Jahren so schöne Jugendtage mit seiner Familie verbracht hat. Bald zieht Minna dazu und hofft auf eine Aussprache. Eine Ehetherapie im Gasthof also, allerdings ohne Therapeuten. Und Richard Wagner liest und schreibt und schweigt. Auch Männer können auf diese Weise strafen. Er denkt über den letzten Akt seiner Oper *Rienzi* nach, die sein erster großer Erfolg werden wird, und lässt in seiner Phantasie bereits einen alles vernichtenden Brand im römischen Kapitol ausbrechen. Mit wilden Worten malt er die Gewalt des Feuers aus und stellt sich das Tosen des Orchesters dazu vor. Und lässt seinen liebeswütigen Helden schreien: »Durch Flammen selbst find ich den Weg.« Dann blickt er, erhitzt und erschöpft, endlich auf von seinem Notizblock. Und findet durch die lodernde Eifersucht in seinem Herzen schließlich doch wieder den Weg zurück zu seiner reumütigen Minna. Sie reisen als Versöhnte aus Blasewitz ab. Erst 20 Jahre später, als Richard Wagner am *Ring des Nibelungen* arbeitet, kommt es dann zum endgültigen Bruch.

Vielleicht kreuzen sich also an einem Julitag des Jahres 1837 im Biergarten des Gasthofes Blasewitz bei Dresden die Wege der zwei ungewöhnlichsten deutschen Romantiker, von Caspar David Friedrich und Richard Wagner: einem Maler, der fast schon vergessen, und einem Komponisten, dessen Zeit fast schon gekommen ist.

Emma Friedrich, aber das nur am Rande, wird knapp

zwei Jahre nach diesem Ausflug übrigens den Elbfischer und Bademeister Robert Krüger heiraten.

*

Als der französische Bildhauer David d'Angers, der Goethes ohnehin schon riesigen Kopf in eine absurd große Gipsbüste von zwei Metern Höhe gegossen hat, im Jahre 1834 von Weimar mit der Kutsche weiter nach Dresden ins Atelier von Friedrich fährt, weil er ihn für einen ebenbürtigen Großen hält, da zeigt der ihm eine gerade entstandene Folge von Sepiazeichnungen, die »Lebensalter«, darunter eine besonders himmlische. Engel beten darauf das gleißende Licht an, sie fliegen über den Wolken, die Erde ist verschwunden. Es sind Seraphine, Friedrichs liebste Engelart, die er, je älter er wird, immer öfter durch seine Bilder und über die Friedhöfe schweben lässt. Ihr Name kommt vom hebräischen Wort für »brennen«, für »entflammen«, aber er bedeutet auch »verbrennen«.

*

Unaufhaltsam verschiebt sich im eiskalten Frühjahr 1943 die Ostfront des Zweiten Weltkrieges nach Westen. Nach den unfassbaren Verlusten in der Schlacht von Stalingrad sind die deutschen Soldaten, die noch als Kanonenfutter in Richtung Sowjetunion geschickt werden, ein letztes Aufgebot, sie sind eigentlich entweder zu jung oder zu alt. Bevor sie im Frühjahr 1943 im Morgengrauen in endlosen Zügen ihre Reise in den Untergang antreten, hinein in das brutale Feuer des Krieges, bekommen sie in ihren pommerschen Kasernen nach dem kargen letzten Abendmahl noch einen Vortrag zur moralisch-geistigen Aufrüstung. Es spricht der frisch berufene Professor für Kunstgeschichte am Caspar-David-Friedrich-Institut der Universität Greifswald, Herbert von Einem. Er beschwört die Kraft der alten Germanen, die in Friedrichs Bildern sichtbar werde und die es in diesem großen Krieg zu verteidigen gelte. Nach dem Vortrag erhält jeder Soldat ein kleines Büchlein im Quartformat für die Brusttasche seiner Uniformjacke: *Caspar David Friedrich und seine Heimat* heißt es, es enthält in Schwarz-Weiß Abbildungen seiner nordischen Werke vom Meer und von den Eichen. Wenn sie es dann im verschlammten und vereisten Schützengraben aus ihren Brusttaschen ziehen, weil ihr Leben sinnlos geworden ist und ihre Heimat weit, dann können sie lesen, dass dieser Maler angeblich »groß und stark gebaut war«, dazu »blond, charakterfest und kämpferisch«. Und sein Leben lang habe ihn der »unerschütterliche heilige Glaube an Deutschland« getragen. Vielleicht sind das für viele deutsche Wehrmachtssoldaten die letzten Worte, die sie lesen, bevor sie in den Kesselschlachten in Russland vom Feuer zerfetzt werden. Das dünne Friedrich-Bändchen in der linken Brusttasche kann ihr Herz leider nicht vor den Kugeln und Granaten schützen.

*

Als am 1. Mai 1945 morgens um halb elf die 266. Division der sowjetischen Streitkräfte die Berliner Museumsinsel einnimmt, besetzt sie die dortigen Museen, die von den Bombenangriffen vom 3. Februar schwer beschädigt sind. Sämtliche Kunstgegenstände sind allerdings bereits vorher in die Flaktürme am Zoologischen Garten und am Friedrichshain verlagert worden, darunter drei bedeutende Gemälde von Caspar David Friedrich: der »Klosterfriedhof im Schnee«, das »Nordlicht« und die »Gebirgshütte im Nebel«. Alle drei hat die Nationalgalerie rund um den Ersten Weltkrieg als Geschenk erhalten, am Ende des Zweiten Weltkrieges gelten sie als verbrannt. Völlig offen ist nur die Brandstätte.

In den letzten Kriegsjahren werden sie wohl zunächst im Flakturm Zoo in Sicherheit gebracht. Dort lagert allerdings auch der unbeschädigte Goldschatz des Priamos, der später als Beutekunst in die Sowjetunion überführt wird. Deshalb gibt es glaubwürdige Berichte, dass viele Kunstwerke in den Kriegswirren des Frühjahrs 1945 vom Flakturm Zoo in den Flakturm Friedrichshain gebracht werden.

Angeblich sollen die drei Bilder von Friedrich dort mit 434 anderen Gemälden verbrannt sein, darunter drei bedeutende Werke Caravaggios, zehn Gemälde von Rubens, sechs von van Dyck und Adolph von Menzels »Tafelrunde«. Der Bunker verwandelt sich zwischen dem 5. und dem 18. Mai 1945 wegen der ständigen Feuer in den »Hochofen von Friedrichshain«. Nach offiziellen Berichten der sowjetischen Militäradministration sind es ehemalige SS-Mitglieder gewesen, die die Werke in Brand gesetzt hätten, damit sie nicht den Russen in die Hände fallen. Nachdem am 6. Mai der erste Stock des Bunkers ausgebrannt ist, brennt am 15. Mai der gesamte Turm, danach steht die Asche einen halben Meter hoch in den Räumen, dazwischen pulverisierte Plastiken, zerschmolzene Bronzen und zerbrochenes Glas. Die sowjetische Militäradministration lässt einen Monat später verkünden: »Die SS hat, wie erst jetzt bekannt wird, während des Kampfes um Berlin wertvolle Kunstwerke vernichtet, die in einem der beiden Flaktürme im Friedrichshain vor den Bombenangriffen in Sicherheit gebracht worden waren ... Eines Nachts drang aus den Toren des L-Turmes plötzlich dichter Rauch. Eine Gruppe von SS-Männern war unbemerkt in den Turm eingedrungen und hatte ihn in Brand gesteckt. Am nächsten Vormittag gelang es den Hitlerbanditen, noch einmal die Brandfackel in den Turm zu schleudern, der nun auch die restlichen Kunstschätze zum Opfer fielen.«

Es ist völlig offen, ob diese Version der Wahrheit entspricht. Es könnte auch sein, dass die Gemälde zuvor längst von der Trophäenkommission der Sowjetunion abtransportiert worden sind. Oder dass sie vorerst in einem baufälligen Schuppen in Angermünde zwischengelagert werden, 80 Kilometer nördlich von Berlin. Dort, auf dem Grundstück Prenzlauer Straße 41, gibt es ein großes Magazin des sowjetischen Militärs, wo Augenzeugenberichten zufolge neben Nähmaschinen auch viele hundert Gemälde lagern. Die Offiziere schneiden sich angeblich, bevor sie in die Sowjetunion zurückfahren, gerne ein Gemälde aus dem Rahmen, rollen es ein und nehmen es mit. Besonders gefragt sind Maria Magdalenas und Susannas im Bade. Aber im harten Winter 1946 brennt der Lagerschuppen in Angermünde nieder und auch sein gesamter verbliebener Inhalt. Man darf sich also nun aussuchen, ob man glaubt, dass die drei bedeutenden Friedrich-Gemälde in den ersten fünf Maitagen des Jahres 1945 aus dem Flakturm Zoo gestohlen worden sind, ob sie schon 1944 ins Kloster Lehnin verlegt und dort von den Russen geraubt worden sind oder ob sie zwischen dem 6. und 15. Mai 1945 im Flakturm Friedrichshain verbrannt sind – oder erst im Dezember 1946 in Angermünde in einem Lagerschuppen. Nichts ist von ihnen geblieben außer Schall und Rauch.

*

Endzeitstimmung. Im Jahre 1834 erscheint der Roman *Die letzten Tage von Pompeji* von Edward Bulwer-Lytton. Aus heiterem Himmel wählt der englische Autor das Thema des Vulkanausbruchs und die im Ascheregen des Feuers untergehende Stadt am Fuße des Vesuv. Das Buch wird sofort ins Deutsche übersetzt und erscheint im selben Jahr beim Metzler Verlag in Stuttgart und 1835 noch einmal bei Schumann im sächsischen Zwickau.

Caspar David Friedrich, der inzwischen mehr liest als malt, beginnt 1835 in seinem Dresdner Atelier aus heiterem Himmel damit, Neubrandenburg, die Stadt seiner Mutter, seines Vaters, seiner geliebten Schwester in Flammen aufgehen zu lassen. Es ist vermutlich das letzte Bild, das Friedrich je in Öl malt. Er zeigt die Silhouette der Stadt so, wie er sie Hunderte Male gesehen hat, wenn er sich ihr von Greifswald aus nähert. Er malt einen prächtigen Abendhimmel, doch aus der Marienkirche schlagen die Flammen empor. Es brennt in der Stadt seiner Ahnen. Als Friedrich 1840 stirbt, wird es die Nummer eins in seiner Nachlassauktion und heißt dort »Ansicht der Stadt Neubrandenburg bei Sonnenuntergang und einer Feuersbrunst«. Es ist ein verstörendes Bild. Denn Friedrich hat Neubrandenburg heiß geliebt. Und es hat dort zu seinen Lebzeiten nie gebrannt.

*

Am Abend des 28. April 1945 erreicht die Rote Armee das bis dahin vollkommen unzerstörte Neubrandenburg. Die russischen Soldaten plündern die Häuser, vergewaltigen und töten die Bewohner und legen am nächsten Tag zahllose Feuer, die in der Nacht auf den 30. April über 80 Prozent der Altstadt zerstören. Die Feuersbrunst rast durch die Stadt, unzählige Menschen ersticken in ihren Kellern. Bei den Nachfahren Caspar David Friedrichs verbrennen zahlreiche seiner Werke. Und auch die »Schmiedewerkstatt« der Bechlys, das Gemälde, das Kersting von Friedrichs Verwandten gemalt hat. Die Familie hat es extra in das Gebäude der Mecklenburger Versicherung gebracht, um es zu schützen, doch das brennt bis auf die Grundmauern nieder, als die brandschatzenden russischen Soldaten ihre Fackeln werfen. Und eine Panzerkanone trifft am 30. April bei Sonnenuntergang den Turm der Marienkirche, die nun genau so zu brennen beginnt, wie es Friedrich nahezu hundert Jahre zuvor gemalt hat.

*

Ihm selbst, so schreibt Caspar David Friedrich am Ende seines Lebens an seinen Bruder, sei das, was er darstelle auf seinen Bildern, »in gewisser Weise ein Rätsel«. Aber jetzt arbeite er an einem großen Gemälde, in dem er »das Geheimnis des Grabes und der Zukunft darzustellen gedenke«. Vielleicht arbeitet er da gerade an der Zukunft Neubrandenburgs, die er bereits als Grab erinnert.

*

Als Caspar David Friedrich gestorben ist, am Abend des 7. Mai im Jahr 1840, da kommt anderntags ein Nachlassverwalter, um seinen verbliebenen Besitz zu dokumentieren. Er findet die Staffelei, er findet Friedrichs abgewetzten Pelzmantel, er findet Skizzenbücher und ein paar letzte Bilder. Er findet sogar das kleine Holzmodell eines Dreimasters, die Segel noch gebläht von den sehnsüchtigen Blicken Friedrichs, der in den letzten 14 Jahren seines Lebens zu schwach und schwermütig geworden ist, um noch einmal an seine geliebte Ostsee zu reisen. Der Sekretär und die Regale in Friedrichs Arbeitszimmer im Haus An der Elbe 33 jedoch sind leer. Friedrich hat alle Bücher und alle Briefe, die er je erhalten hat, kurz vor seinem Tod im Ofen verbrannt.

# Kapitel II

# WASSER

Oh, wie er diesen Moment liebt. Wenn hinten am Horizont die Sonne ins Meer taucht, ganz, ganz langsam, wie in Zeitlupe, und ihre Strahlen noch einmal kurz die Wolken von hinten beleuchten, bevor sich die Abendruhe über das Wasser legt. Caspar David Friedrich sitzt in diesem Sommer des Jahres 1801 auf einem Stein am Strand von Rügen. Ein Tag ist zu Ende, doch ein neues Jahrhundert beginnt. Lange ist er gewandert an diesem Tag, seine Füße glühen und schmerzen ganz fürchterlich. Er ist durch die hohen Buchenwälder gelaufen, deren Kronen gerauscht und deren alte Blätter unter seinen Füßen geraschelt haben, er hat den Wind im Rücken gehabt und gesehen, wie der Regen sanft auf die Felder gefallen ist, keiner Menschenseele ist er begegnet, wie herrlich, ein einziges Mal nur, oben in Mönchgut, hat er zwei Fischer ihre Netze flicken sehen, das war's. Nun ruht er aus am Strand, trinkt aus seiner Wasserflasche und blickt einfach nur hinaus aufs weite Meer. Am liebsten würde er sein Leben lang nichts anderes machen, er ist eben eher so der romantische Typ. Friedrich nimmt seinen Stift und sein Skizzenbuch und zeichnet die Steine neben ihm, das Meer vor ihm und den Himmel über ihm. Alles ist Stille, denkt Friedrich, selbst die Wellen sind verstummt und sogar die blöden Möwen. Er schaut auf sein Blatt, auf die grauen dünnen Linien, und dann beginnt er von Farben zu träumen, von dem zarten Gelb, dem tiefen Blau. Das müsste man malen können, denkt er, genau das. Doch noch traut er sich das nicht, noch zeichnet er nur, in Blei, manchmal in Sepia. Aber er spürt hier am Strand, dass er Farbe braucht, wenn er Sehnsucht malen will.

*

Immer hat Friedrich am Wasser gelebt. In Greifswald, wo er geboren ist, da läuft er als Kind die Lange Straße hinunter, am Dom vorbei und dann die kleinen gepflasterten Wege runter zum Hafen, an den Stockrosen vor den kleinen Fischerhäusern entlang, die sich trotzig aus den Pflastersteinen emporranken. Stundenlang schaut er am Wasser all den Booten zu, die einlaufen und auslaufen, Abschied und Ankunft, ein ewiges Hin und Her, ganz so wie die Wellen, die an die Kaimauer klatschen. Caspar David beruhigt das, ja, seit seine Mutter gestorben ist, tröstet es ihn sogar ein wenig, denn nur so kann er die Zeit vergessen, sich ein wenig in den ewigen Rhythmus der Natur legen, wenn die Trauer langsam nach seinem Herzen greift. Erst die Schläge der Domuhr schrecken ihn auf aus seiner Trance, und er eilt nach Hause, wo ihm der strenge Vater vorwurfsvoll die Tür öffnet. Der versteht nicht, was seinen Sohn immer zum Wasser zieht, er hält ihn für einen rothaarigen Sonderling, verloren für jeden anständigen Beruf. Am Wochenende, da wandert der junge Caspar David sogar die vielen Kilometer raus nach Wiek, wo sich der Ryck, der sich durch die Stadt schlängelt, mit der Ostsee verbindet, und er die größeren Schiffe zu zeichnen beginnt, kaum hat er den Sand unter den Füßen. Zum Studium zieht er dann, nach 20 seltsam versunkenen Jahren in Greifswald, um nach Kopenhagen, einmal über die Ostsee nach Nordwesten, der Vater hat resigniert und eingesehen, dass sein etwas kauziger Sohn mit den Krusselhaaren wohl wirklich Maler werden will. Auch in Kopenhagen wieder: ein Hafen in der Stadt, die Segel und die schwankenden Masten immer vor Augen und die See zum Greifen nah. Sehr oft schnallt Friedrich sich als Student in Dänemark seinen Tornister um, nimmt seine Malsachen und zieht hinaus, um seine geliebten nordischen Küsten zu zeichnen. Und als er dann nach Dresden zieht im Jahre 1798, da hält er es fernab der Elbe zunächst nur aus, weil er sehr oft in die alte Heimat reist, nach Greifswald also und immer wieder nach Rügen, jene geliebte Insel, die er, so oft er kann, wandernd und zeichnend durchstreift. Aber dann findet er auch in Dresden, nachdem er aus der kleinen Pension am Festungsgraben ausgezogen ist, bald eine eigene Wohnung, die so nah am Wasser liegt wie nur möglich. »An der Elbe« lautet die zutreffende Adresse, hoch über dem Fluss, direkt vor der Altstadt. Erst wohnt er – wie wir von einem Brief an Goethe wissen – in der Hausnummer 27, wohl von 1804 bis 1810, dann zehn Jahre lang in dem kleineren Haus mit der Nummer 26 direkt daneben, und nach seiner Heirat zieht er in das neugebaute Haus fünfzig Meter weiter, »An der Elbe 33«, wo Friedrich bis zu seinem Tode leben wird und die Kinder noch lange darüber hinaus. Direkt vor seinem Fenster ist ein kleiner Hafen, die Fischer lagern dort ihre Boote, ihre Masten ragen weit hinauf, so dass er sie aus seinem Atelierfenster sehen kann. Also natürlich nur, wenn er denn mal hinausblickt, denn meist blickt Friedrich ja nur in sich hinein.

*

Kaum ist sein erstes Kind geboren, die kleine Emma, da sorgt sich Caspar David Friedrich darum, dass sie womöglich nicht oft genug gebadet wird. Wenn er seine Frau mit der Kleinen aufs Land geschickt hat, um in Ruhe zu arbeiten, dann mahnt er auch sie eindringlich: »Ich hoffe, dass du nicht versäumen wirst, dich täglich zu baden.« Aber, so der strenge Caspar David: »Es versteht sich, dass es nicht mit vollem Magen geschehen muss.« Man kann sich Lines Blick vorstellen, als sie diese Zeilen liest. Im nächsten Brief dann geht es um die Sauberkeit der Tochter: »bade die kleine Emma fleißig«. Und ganz offenbar hat diese frühe Gewöhnung ans Nass den gewünschten Erfolg: »Emma fühlt sich wohl wie ein Fisch im Wasser«, schreibt Line an ihren Schwager, als der sich nach dem Wohlergehen des Mädchens erkundigt. Nur konsequent also, dass Emma 1839 einen Bademeister heiratet.

*

Niemandem ist die Tatsache, dass Caspar David Friedrich vom nordischen Meer kommt, so wichtig wie den Nationalsozialisten. Sie wollen ihn zu einem winderprobten Germanen machen, der bei ihren schrecklichen Irrfahrten in die Zukunft vorne am Bug steht. Kurt Karl Eberlein heißt der verstörende Mann, der Friedrich im Jahre 1940, also in seinem 100. Todesjahr, mit aller Gewalt zu einem germanischen Helden machen will, und er fragt sich öffentlich: »Liebt sein Volk ihn denn schon genug?« Seine Antwort: Nein, da geht noch was. Als die deutschen Truppen im September 1939 in Polen einmarschieren, schließt er sein Verklärungsbuch ab und nennt es *Ein Volksbuch deutscher Kunst*. Schon im Vorwort wird klar, wohin die Reise geht: Über Friedrich Wesentliches und Neues zu sagen, sei erst jetzt möglich, schreibt Eberlein, »weil erst durch den Nationalsozialismus vielerlei in Frage und Antwort geklärt ist«. Und dann beweist er, warum Friedrichs blaue Augen angeblich von seinem germanischen Geist genauso erzählen wie seine Liebe zu den alten Hünengräbern und natürlich die Lust, mit der der Pommer Platt gesprochen hat, selbst in Dresden. Das ist beklemmend zu lesen und manchmal auch absurd, wenn der eigentlich vernunftbegabte Eberlein wie im irren Rausch die Kunst Europas allen Ernstes nach dem jeweiligen »Blut und Boden« einteilt und somit auf drei Kategorien kommt: Küstenkunst, Ebenenkunst, Gebirgskunst. Und bei der nordischen »Rasse« sei nun mal die »Küstenkunst« die Königsdisziplin und ihr König sei Friedrich. Und all die Harzbilder Friedrichs, seine Friedhofsszenen, seine Riesengebirgslandschaften, also seine Ebenen- und Gebirgskunst? Für Eberlein kein Problem: »Man kann jeden Ort nordisch sehen, gleichgültig, wo er liegt. Alle Landschaftsbilder sind Rasseselbstbildnisse ihrer Maler.« Und was schwebt darüber bei Friedrich? Richtig: »Rassewolken«.

Sein eigenes »Rasseselbstbildnis« kreiert Eberlein nicht nur in diesem Buch, sondern auch in den Feierlichkeiten zum 100. Todestag Friedrichs, die er am 7. Mai 1940 für die Stadt Greifswald ausrichtet. Es müsse nun darum gehen, so Eberlein, den »Friedrichdeutschen« zu erschaffen. Mit leichtem Grauen können wir bis heute in den Archiven des aus diesem Anlass ins »Caspar-David-Friedrich-Institut« umbenannten kunsthistorischen Seminars der Universität Greifswald die Details nachlesen. So verfasst Eberlein als Erstes ein »Huldigungstelegramm an den Führer, den Schutzherrn der deutschen Kunst und ihres nordischen Geistes«, dem die Feiergesellschaft »unwandelbare Treue« schwört. Die dauernde Lobpreisung des nordischen Geistes bei Eberlein ist auch insofern skurril, als er selbst aus Rastatt in Baden stammt und seine halbe Verwandtschaft aus dem fernen Baden-Baden zu der Feier nach Greifswald eingeladen werden muss. Aber Eberleins germanisches »Rasseselbstbildnis« scheint nicht nur gegen seine badische Herkunft immun, es bestehen überdies fließende Übergänge ins Griechische. Seiner Vision entsprechend soll nämlich eine Dame in einem griechischen Gewand der Friedrich-Büste auf der Bühne einen goldenen Lorbeerkranz aufsetzen – das aber nun war in Greifswald im ersten Kriegsjahr 1940 nicht ganz so leicht aufzutreiben, wie der Institutsdirektor Kurt Wilhelm-Kästner mit Bedauern an Eberlein meldet. Das erzürnt Eberlein, und er greift zur Feder und skizziert, wie man ein deutsches Bettlaken in fünf Minuten in eine griechische Toga verwandeln könne. Aber auch die gewünschte Dame unter dem Betttuch ist schwer zu finden, denn dieser Freund des nordischen Geistes hat sehr genaue Vorstellungen von seiner Friedrichdeutschen. Kästner legt Eberlein am Ende eine Fotografie von der 22-jährigen Schauspielerin Gerhild Weber vor und bittet inständig darum, diese nun zu akzeptieren, eine andere gebe es nicht. Die Weber habe zwar eine etwas »kräftige Figur«, aber sie sei zugleich die »einzige in Frage kommende Kraft des Schauspiels, die den von Ihnen gewünschten Typ einer frischen jugendlichen deutschen Frau und Mutter verkörpern kann«. Und damit Eberlein milde gestimmt ist, ergänzt Kästner: »Sie ist gebürtige Hamburgerin, von ausgesprochen küstenländisch-nordisch-germanischem Typus in Wesen und Aussehen.« Und so legt denn also dieser küstenländische Typus, gehüllt in ein umgenähtes Greifswalder Bettlaken und mit dem nötigen Ariernachweis ausgestattet, den goldenen Lorbeerkranz auf die Büste von Caspar David

Friedrich. Über der Büste, ebenfalls von einem Lorbeerkranz umrankt, prangt auf der Bühne ein riesiges Hakenkreuz. Dann spricht Kurt Karl Eberlein, und er kann der Festgesellschaft mitteilen, dass es nach Jesus an diesem 7. Mai im Jahr des Herrn 1940 mit Caspar David Friedrich die zweite Wiederauferstehung des Abendlandes zu feiern gelte: »Er ist nicht tot, dem heute unser Gedenken gilt, er lebt unter uns. Der große Einsame gehört heute zu den großen Unsterblichen.«

Gerhild Weber nickt dazu küstenländisch-nordisch-germanisch. Eberlein geht nach erfolgter Kranzniederlegung und Absendung des Telegramms an den Führer mit der Küstenländerin am Greifswalder Hafen essen und reicht tags darauf die Spesen in Höhe von fünf Reichsmark beim frisch getauften Caspar-David-Friedrich-Institut ein.

1944 steht Gerhild Weber auf der »Gottbegnadeten«-Liste des Reichsministeriums für Volksaufklärung und Propaganda. Kurt Karl Eberlein steht im selben Jahr an der Ostfront auf der Vermisstenliste der Wehrmacht.

1971 spielt Gerhild Weber bei den Karl-May-Festspielen in Bad Segeberg in der *Winnetou*-Aufführung eine ausgewanderte Deutsche küstenländisch-nordisch-germanischen Typs, die sich in den Wilden Westen verirrt hat.

*

Anneliese Friedrich ist übrigens tödlich beleidigt, dass sie als angeblich letzte lebende Urenkelin Friedrichs am 7. Mai des Jahres 1940 nicht nach Greifswald zur Hundertjahrfeier eingeladen wird. Sie ist eine aufbrausende Geigerin, die in einer geräumigen und überheizten Wohnung in der Senator-Bauer-Straße 39 in Hannover lebt, gemeinsam mit ihrer Mutter Elisabeth, die sich aber lieber Frau Geheimrat Professor Harald Friedrich nennt. Jener Professor Harald Friedrich nun, der der Sohn von Friedrichs einzigem Sohn Gustav Adolf gewesen ist, hat bis zu seinem Tod 1933 die doch recht überraschende »Professur für Aktzeichnen für Maschinenbauingenieure und Elektrotechniker« an der Technischen Universität Hannover innegehabt (was es nicht alles gibt). Anneliese, die prüde Geigerin, die immer verschweigt, dass ihr Vater Aktzeichnen gelehrt hat und nur davon spricht, dass er Universitätsprofessor gewesen ist, überlebt den Vater und die Mutter und stirbt erst 1977, kinderlos, mit ihr werden also die Gene Caspar Davids an der beschaulichen niedersächsischen Ihme zu Grabe getragen. Nur ein Jahr später wird in Hannover der junge Rechtsanwalt Gerhard Schröder zum Vorsitzenden der Jusos gewählt.

*

Was gerne vergessen wird: Wie lustig und beschwingt Caspar David Friedrich sein kann. In seinen Briefen blitzt immer wieder sein Schalk auf, und seine Freunde berichten von ausgelassenen Späßen, die sie miteinander trieben, und dass die Schwermut eben nur die eine Seite seiner reichhaltigen Seele ist. Am beschwingtesten und poetischsten sind seine Briefe an die junge Malerin Louise Seidler aus der Zeit um 1815, ja, sie sind so beschwingt, dass man fast das Gefühl hat, er sei ein wenig verliebt. Wir verdanken dieser besonderen Stimmung eine herrliche Schilderung von Friedrichs Reise nach Rügen im Sommer 1815 – eigentlich ist es ein Dankesbrief, weil die Dame ihm Süßigkeiten nach Dresden geschickt hat. »Eben stecke ich ein Stückchen davon in den Mund«, schreibt er. Um dann sehr süß von seinem Sommer am Meer zu erzählen: »Ganze drei Monate hat sich der Eisbär, dessen Sie sich so gütig erinnern, an der Küste der Ostsee herumgetrieben und zu öftern sich in die grünlichen Fluten getaucht. Und hat gesehen Seehunde ihr nasses Haupt aus den Wellen erheben und wieder in die Tiefe zurückkehren. Und habe gesehen der Kreaturen des Meeres gar mancherlei Art, wie sie leben und wie sie gelebt haben vor Jahrtausenden und zu Stein geworden sind. Und habe gehöret der Möwen klagendes Geschrei, schwebend über den empörten Fluten und sich hinab stürzen sehen in die Tiefe ihre Nahrung zu suchen. Und habe gesehen, das Schönste, was je Menschenwitz hervorgebracht: Schiffe mit schwellenden Segeln.«

*

Caspar David Friedrich kann ein unglaublicher Kindskopf sein. Wenn ihn die Familie seines Dresdner Malerfreundes Gerhard von Kügelgen nach Lotzdorf bei Radeberg zur Landpartie einlädt, dann übernimmt Friedrich dort zur Freude aller sehr gerne die Kinderbetreuung, denn dann muss er keinen anstrengenden Smalltalk mit den Erwachsenen machen. Eines schönen Sommernachmittags geht er mit Kügelgens Kindern und deren Dresdner Freunden runter zur Großen Röder, einem recht kleinen, aber rauschenden Bach, der sich am Dorf vorbeischlängelt. Friedrich will inmitten des Wassers auf einer kleinen Sandbank einen hohen Turm errichten. Die Kinder bringen immer neue Steine, Friedrich krempelt die Hosen bis über die Knie hoch, steht pfeifend im Wasser und baut einen immer höher werdenden Steinberg. Irgendwann ist er fast so groß wie er selbst, die Kinder jubeln. Da kommen all die Eltern vom Dorf herunter, um das Bauwerk zu besehen. Und tatsächlich setzt sich sogar die »schwarze Tante« in Bewegung, jene leicht furchteinflößende Verwandte, die, wie Wilhelm von Kügelgen erzählt, das fröhliche Treiben aus der Reserve lockt, und plötzlich »ständerte auch sie hochgeschürzt und glückselig wie eine Bachstelze in der Flut umher«. Die anderen Frauen warnen sie vom Ufer aus, doch die schwarze Tante geht immer weiter, unsicher auf den wackligen Steinen im Flussbett balancierend. Da läuft ihr Friedrich hinterher, packt sie und will sie oben auf seinen selbstgebauten Steinberg setzen, zu ihrer Sicherheit, wie er später lächelnd behauptet, doch die schwarze Tante schreit laut auf, rutscht aus, fällt rücklings ins Wasser und schimpft wie ein Rohrspatz. Die anderen Damen ziehen die triefende Frau mit ihren vollgesogenen schwarzen Röcken aus dem Fluss und laufen wehklagend davon. Kaum sind sie um die Ecke, prusten Friedrich und die Kinder los.

*

Die Segler, die Friedrich im Hafen von Greifswald von klein auf immer wieder gemalt hat, verwebt er 1816 mit den Zeichnungen, die er erst im Jahr zuvor gemacht hat, zu einem seiner schönsten Abendbilder überhaupt, der »Ansicht eines Hafens«. In Stralsund und dann vor allem in Greifswald hat er sich hingesetzt und die großen Segler stundenlang in seinem Skizzenbuch erfasst, Segel für Segel, Tau für Tau. In diesen Tagen schickt er auch jenen feuchtfröhlichen Brief an Louise Seidler, in dem er über die geblähten Segel schreibt. Und nun mixt er also ebenjene Segler im Atelier in Dresden zu einem Bild zusammen, in dem Hunderte Masten in einen Ostseehimmel zu streben scheinen, der ihnen goldgelb entgegenleuchtet. Erst hat man geglaubt, das Bild zeige Friedrichs Heimatstadt Greifswald, dann, es sei vielleicht doch eher Stralsund, bis alle irgendwann begriffen haben: Es gibt diesen Hafen nur in Friedrichs Phantasie, einer Phantasie, die sich aus dem ewigen Strom seiner Erinnerungen speist.

Als Friedrich sein traumverlorenes Hafenbild, kaum ist die Farbe trocken, in einer großen Holzkiste nach Berlin zur Akademieausstellung geschickt hat, da kauft es dort niemand Geringeres als der preußische König – und zwar als Geschenk für seinen melancholischen Sohn, den Kronprinzen, der seit seinen Käufen des »Mönchs am Meer« und der »Abtei im Eichwald« in Friedrichs sehnsuchtsvolle Kunst vernarrt ist. Friedrich Wilhelm (IV.) hängt sich den Hafen ins Schlafzimmer, dann, nach seiner Heirat, finden wir es ab 1826 im Esszimmer des Kronprinzenpaares im Berliner Stadtschloss. Aufs Essen müssen sie dort niemals warten, mit einem kleinen Schalter unterm Tisch kann der Kronprinz die Diener herbeirufen – so einfach geht das mit der Krone nicht, die lässt sehr lange auf sich warten, erst 1840, nach dem Tod seines Vaters, mit 45 Jahren und schon ziemlich lichten Haaren, darf sich der Kronprinz dann König nennen – oder muss dies vielmehr. Denn eigentlich ist der verträumte Friedrich-Liebhaber ein wenig zu feinsinnig für die harten Amtsgeschäfte, für den Umgang mit den aufmüpfigen Demokraten oder gar für die militärischen Strategien. Lieber würde er die ganze Zeit Bilder anschauen als Schlachtpläne und Finanzakten. Seine Ehe mit der genauso kunstsinnigen und machtpolitisch desinteressierten bayerischen Prinzessin Elisabeth bleibt kinderlos, und so wird ihr Besitz nach ihrem Tod über all die großen und kleinen preußischen Schlösser im großen weiten deutschen Land verstreut, und die »Ansicht eines Hafens« landet irgendwann in der wasserärmsten Region Deutschlands, im Flachland der Lüneburger Heide, im Jagdschloss Göhrde, keiner weiß warum. Aber 1926 entdeckt ein sachkundiger erholungsbedürftiger Museumsbeamter den Hafen von Friedrich in einem runtergekommenen Gästezimmer dieses niedersächsischen Beamtenerholungsheims. Irgendwann ist das Jagdschloss in den Besitz der Preußen übergegangen, Kaiser Wilhelm I. hat es umgebaut und Kaiser Wilhelm II. hat hier bis 1913 Wildschweine gejagt und es offenbar nett gefunden, in der waldreichen niedersächsischen Provinz von ein paar Bildern aus dem Berliner Stadtschloss umgeben zu sein. Nachdem er abgedankt hat und zum Holzhacken nach Holland geschickt worden ist, erholen sich in Göhrde also von der jungen Demokratie erschöpfte deutsche Beamte unter einem Caspar David Friedrich. Feierlich wird er nach seiner Wiederentdeckung zurück nach Berlin geholt, aber damit ist die jahrhundertelange Hafenrundfahrt dieses Gemäldes noch lange nicht an ihr Ziel gekommen.

Denn schon vor dem Rest der Welt scheinen die deutschen Museumsbeamten gewusst zu haben, dass der August des Jahres 1939 nicht unbedingt der Erholung dienen wird. Sondern der Kriegsvorbereitung. Also erledigen sie rechtzeitig den umfangreichen bürokratischen Papierkram, so dass der »Hafen« und die anderen Friedrich-Gemälde aus dem ehemaligen Hohenzollern-Besitz bereits am 27. August 1939, also vier Tage vor Kriegsbeginn, ins Schloss Babelsberg ausgelagert werden, wie es der dortige Verwalter auf den Übergabeakten quittiert. Und als die Front dann im März 1945 immer näher rückt, wandert der »Hafen« weiter in den Kalischacht von Bernterode im Eichsfelder Kessel. Das ist der exklusivste preußische Auslagerungsort: Denn neben den Friedrichs werden dort im Berg auch die Särge der Preußenkönige Friedrich Wilhelm I. und Friedrich II. versteckt, die Akten des Auswärtigen Amtes und die preußischen Kronjuwelen. Alle Särge, Bilder, Dokumente und Juwelen überleben, nur Preußen selbst ist 1945 leider am Ende. Aber der »Hafen« kehrt zurück in die alte Heimat und ruht fortan in einem stillen Winkel des Potsdamer Schlosses Charlottenhof vor sich hin, als sei nichts gewesen.

*

Der Mond ist zwar aufgegangen in der eiskalten Nacht vom 6. auf den 7. Dezember 1996, aber hinter dicken Wolken verborgen, als gegen zwei Uhr zwei Einbrecher in besagtes Schloss Charlottenhof am südlichen Ende des Potsdamer Parks Sanssouci eindringen, nachdem sie mit schwerem Werkzeug ein ganzes Fenster aus der Außenwand gestemmt haben. Sie tasten sich ein paar Meter durch den dunklen Raum und reißen dann das Gemälde »Ansicht eines Hafens« von Caspar David Friedrich aus den Metallsicherungen. Die Alarmanlagen schrillen laut durch die Nacht und den Park, doch als die Polizeiwagen am Tatort eintreffen, sind die beiden Diebe bereits über alle Berge. Das zumindest vermutet die Sonderkommission »Hafen«, die am nächsten Tag eingerichtet wird. In Wahrheit jedoch sind die Diebe nur fünf Minuten mit ihrer kostbaren Beute unterwegs, 91 mal 71 Zentimeter groß, eingeschlagen in ein Betttuch, die heraushängenden Metallschnüre klappern, als sie auf die asphaltierte

Haeckelstraße biegen und in der benachbarten Plattenbausiedlung aus DDR-Zeiten ankommen, die den originellen Namen »West« trägt. Sie gehen zu der Garagenanlage, schieben die schäbige und verbeulte braune Aluminiumtür nach oben und verstauen dahinter ihr Diebesgut. Am nächsten Tag geht einer der Diebe, der Tischler ist, daran, eine schöne Holzkiste für den Friedrich zu bauen, er soll sich offenbar pudelwohl fühlen bei ihnen, bis sie einen Käufer für ihn finden. Der arbeitslose Schreiner Felix und sein ehemaliger Klassenkamerad, der Langzeitstudent Sebastian, verstecken die Kiste dann hinter all den anderen Gemälden, den Kaminuhren und Porzellanfiguren, die sie in den letzten Jahren aus Potsdamer Villen gestohlen haben, in der Hoffnung, sie irgendwann viel teurer zu verscherbeln. Sogar aus dem Militärgeschichtlichen Forschungsamt der Bundeswehr in Potsdam haben sie ein paar Sachen gemopst, außerdem steht noch eine Goethe-Büste in der ungeheizten Garage, vor kurzem aus dem Weimarer Hotel Elephant mitgenommen (immer diese seltsame Nähe von Friedrich und Goethe).

Als die beiden Diebe am Nachmittag des 4. März 1998 mit ihrem ramponierten roten Peugeot 306 mit Potsdamer Kennzeichen vor den Garagen halten und ein grauer Mercedes 280 E aus dem sachsen-anhaltinischen Salzwedel hinzukommt, wähnen sie sich kurz vor ihrem Ziel. Offenbar hat ihr Mittelsmann im Mercedes, ein früherer Major der Hauptabteilung II im DDR-Ministerium für Staatssicherheit, nun endlich einen Kunden gefunden.

Jener Mittelsmann ist einst Teil des berüchtigten Imperiums des Antiquitätendealers und Stasimannes Alexander Schalck-Golodkowski gewesen und rühmt sich seiner exzellenten Kontakte. Von denen wolle einer nur noch einen Beweis, dass es wirklich ein echter Friedrich sei, den habe er ihm versprochen, er brauche ein Polaroidfoto, dann gebe es einen Deal. So sehen sich Felix und Sebastian also kurz vorm Ziel. Sie sehen allerdings nicht, dass hinter ihnen um die Ecke gleich neun zivile Fahrzeuge der Potsdamer Polizei parken. In einem dunklen Ford Mondeo, in dem sonst oft die Radarfalle versteckt wird, sitzt diesmal der Leiter der Sonderkommission »Hafen« Günter Mewes und lauscht dem, was über das versteckte Mikrophon am Jackett des Mercedesfahrers aus Salzwedel zu hören ist. Erst sind es nur leise Stimmen und ein Akku-Schrauber, er kann nicht wissen, dass da gerade tatsächlich der Friedrich aus seiner Holzverschalung gelöst wird. Die seltsamen Schnarrgeräusche danach aber kann Mewes sofort zuordnen – das sind die Laute, die die mittelalterlichen Polaroidkameras machen, wenn sie ein Foto ausspucken. Ganz offenbar gibt es da hinter der verbeulten braunen Garagentür etwas zu fotografieren. Dann kommt der Mercedesfahrer aus der Garage und flüstert in sein Knopflochmikrophon: »Ja, das ist der echte Caspar.« Als er das hört, gibt Günter Mewes den Befehl zum Zugriff, die neun Polizeiwagen fahren mit Sirenen um die Ecke, umstellen die Garage und nehmen die beiden verdutzten Diebe fest. Die stehen kerzengerade und starren erschrocken auf die Polizisten mit ihren Waffen. Sodann treten sie ihren Gang in die Untersuchungshaft an. Der Mercedesfahrer und Major der Staatssicherheit jedoch darf fröhlich des Weges ziehen. Er ist zwar anfangs Teil der Diebesbande gewesen, dann aber zur Polizei übergelaufen, als es ihm nicht gelungen ist, einen Käufer für Friedrichs »Hafen« zu finden.

Wer ein wenig die einstige Nähe zu Friedrichs »Hafen« genießen will, der kann sich in der Potsdamer Plattenbausiedlung »West« jederzeit eine der leerstehenden Garagen mieten. Auffällig in den Angeboten ist nicht der monatliche Mietpreis (100 Euro), sondern die Tatsache, dass dort ganz genau angegeben wird, für was die Garage gedacht ist, nämlich »zur Unterstellung von Fahrzeugen«. Damit ja keiner mehr auf dumme Gedanken kommt.

*

Zweimal schicken die Brüder aus Greifswald dem frisch verheirateten Caspar David im Jahre 1818 Heringsfässer nach Dresden. Zunächst berichtet er stolz, dass seine Ehefrau den Hering »schnabeliere«, als sei sie eine echte Frau vom Meer. Dann schreibt auch Caroline, die fast echte Frau vom Meer, nach Greifswald, wie dankbar sie für die großen Mengen an Fisch ist. Doch irgendwann dann, im Sommer, hängt er ihr zum Hals raus. Die Brüder werden gebeten, künftig lieber Gänse zu schicken.

*

In den dreißiger Jahren des 20. Jahrhunderts wird plötzlich ein neuer deutscher Künstler der Romantik in das dicke Thieme-Becker-Lexikon aufgenommen. Sein Name: Max von Speck. Man kennt keine Lebensdaten von ihm, und bis dato ist nur ein einziges seiner Bilder bekannt, eine abendliche Hafenansicht, »Schiffe im Hafen am Abend« genannt, die »stark von C.D. Friedrich beeinflusst ist«, wie der Düsseldorfer Galerist Hans Bammann im Jahre 1933 schreibt, als er das Bild den Dresdner Museen anbietet. Eines der Schiffe auf dem Gemälde, das von wundervollen Lilatönen geprägt ist, die einen stillen Abendfrieden über die Landschaft legen, trägt den Namen »Max v. Speck«. Sofort schreibt der Direktor der Gemäldegalerie Hans Posse an den Kunsthändler, dass er das »Speck'sche Seestück« erwerben wolle und bezahlt die günstigen 800 Reichsmark dafür. Ob er da nicht nur ahnt, sondern schon weiß, dass er mit diesem Speck einen echten Friedrich gefangen hat? Im Katalog der Käufe des Museums wird es zwar noch als ein Gemälde Maximilian von Specks vermerkt, was diesem Künstler auch seinen kurzzeitigen Lexikoneintrag beschert. Doch schon 1940 wird es im Museum als ein Werk von Caspar David Friedrich ausgestellt – gemalt für seinen Auftraggeber Maximilian Speck von Sternburg in Leipzig, den der Maler mit dem Namen auf dem Bug eines der Schiffe hat ehren wollen. Längst haben sich zahlreiche Vorzeichnungen der Boote im Hafen in Friedrichs Skizzenbüchern als endgültiger Beleg gefunden. Das muss als Signatur genügen. Denn Friedrich selbst hat naiverweise geglaubt, dass man seinen Namen wohl immer erinnern werde, darum hat er darauf verzichtet, jemals eines seiner Bilder zu signieren.

*

Nosferatu bringt jedem Hafen, den er anläuft, die Pest. Der Film heißt deshalb auch *Eine Symphonie des Grauens*. Ja, Nosferatu ist zweifellos die grauenerregendste Figur, die das Kino bis dahin erschaffen hat. Friedrich Wilhelm Murnau verlegt im Jahre 1921, als die zwanziger Jahre noch lange nicht golden sind, die Szenen seines Films in ein dunkles, fremdes Biedermeier. Oder genauer: in die Bildwelt von Caspar David Friedrich. Wenn der Vampir, von unten gefilmt, plötzlich auf dem Boot erscheint, dann ragt rechts von ihm das Segel genau so in die Höhe und die Taue sind genau so gespannt wie in Friedrichs »Auf dem Segler«. Wenn wir die Karpaten sehen, dann immer in der Dämmerung, aus der karge Bäume ragen wie aus Friedrichs Riesengebirgslandschaften. Und wenn die Ellen des Films am Fenster steht, dann sorgt Murnau dafür, dass sie genau so steht wie die »Frau am Fenster«, die eigentlich Caroline ist und im Berliner Museum hängt. Als sie am Strand sitzt, da türmen sich plötzlich links auf einem Hügel die Grabkreuze der verstorbenen Seeleute, und die Kamera nimmt sie mit ebenjener Untersicht auf, die der Regisseur an Friedrichs »Kreuz an der Ostsee« liebt. Ellen wird für Murnau zur Verkörperung jener Melancholie, die Friedrich als Erster über seine Frauenfiguren gelegt hat wie einen dunklen Schatten. Sie ist bei Murnau eine uneheliche Tochter des Mönchs am Meer. Als sie zum Wasser geht, wird folgender Untertitel eingeblendet: »Ellen wurde oft am Strande in der Einsamkeit der Dünen gesehen. Ihre Augen suchten über Wellen und Ferne.« Der Rezensent der *Vossischen Zeitung* glaubt denn auch, dass er gerade den ersten Friedrich-Film gesehen hat. Er mokiert sich, Nosferatu sei ja ein regelrechtes »Motiv-Museum«.

Die Witwe von Bram Stoker klagt übrigens nach Erscheinen des Films gegen Murnau, weil sie in Nosferatu natürlich Graf Dracula erkennt. Die Enkel von Caspar David Friedrichs Witwe Caroline hingegen klagen nicht.

*

Caspar David Friedrich hat Goethes *Werther* mit angehaltenem Atem gelesen. *Die Leiden des jungen Werther*, das sind auch die Leiden des jungen Caspar David. Und auch die Freuden teilen sie. Denn noch nie hat sich Friedrich so verstanden gefühlt wie von Werthers Verstummen angesichts der überwältigenden Schönheit der Natur: »Ich könnte jetzt nicht zeichnen, nicht einen Strich, und bin nie ein größerer Maler gewesen als in diesen Augenblicken.« So ungefähr fühlt es auch der von den Erscheinungen der Natur völlig hingerissene Friedrich, auch wenn er natürlich trotzdem zeichnet – nur malen, das traut er sich noch nicht zu. Ja, es ist verrückt, Friedrich, der größte Maler der deutschen Romantik, fängt erst so richtig damit an, in Öl zu malen, als er 33 Jahre alt ist (die zwei, drei Gemälde von 1798 sind noch von großer Dürftigkeit, vernünftigerweise lässt er es dann auch erst einmal wieder für noch fast zehn Jahre bleiben). So zeichnet er zwischen 1794 und 1807 vor allem und ständig: jedes Boot, das er vor Augen hat, jeden Tannenzweig und jeden Stein. Und er malt in Sepia, jener Technik, die es ihm erlaubt, größere Flächen mit zarter, hellbrauner Tintenfarbe auf Papier zu bringen, diese zarten Verläufe des Lichts und des Himmels, und da bringt er es vorerst zu besonderer Meisterschaft. Wenn er wandert, dann trägt er manchmal das kleine Sepiafläschchen vorne am Hemd, damit er ganz schnell loslegen kann, wenn er plötzlich etwas sieht, was er nicht vergessen will. Auf einer dieser Wanderungen um den Tollensesee in der Nähe von Neubrandenburg, der Stadt seiner Eltern und Großeltern, seiner Schwester Dorothea und seines Bruders Johann, sieht er ein Fischerpaar vor einer Hütte sitzen. Er zeichnet sie. Und dann sieht er noch eine Prozession von Mönchen am Rande des Sees, na ja, vielleicht sieht er sie auch nur vor seinem inneren Auge, aber auf jeden Fall macht er eine Zeichnung dazu. Und dann nimmt er am 25. August des Jahres 1805 seinen ganzen Mut zusammen (»ich bin dreist genug«, schreibt er) und schickt die beiden Blätter nach Weimar an den hochverehrten und weltberühmten Geheimrat Johann Wolfgang von Goethe. Der hat nämlich gerade wieder seine inzwischen ebenfalls berühmte Preisaufgabe gestellt, mit der er jedes Jahr junge Künstler einlädt, in seinem Sinne die alten griechischen Ideale wiederzubeleben. Nun muss man allerdings sagen, dass der gute Friedrich mit seinen beiden Zeichnungen das Thema eigentlich komplett verfehlt hat. Denn die Weimarer Preisaufgabe des Jahres 1805 sieht vor, sich dem Leben von Herkules zu nähern. Dessen Leben war zweifellos sehr abwechslungsreich, aber Homer berichtet ganz sicher weder von einem trübsinnigen Fischerpaar am Ufer eines mecklenburgischen Sees noch von einer Mönchsprozession.

Aber, große Überraschung, Goethe lobt Friedrich tatsächlich für »Kunstfertigkeit, Reinlichkeit und Fleiß der Behandlung« (was für schrecklich spießige Kriterien!) – und verleiht ihm für die beiden Blätter sogar den ersten Preis der Weimarer Preisaufgabe. Also, fast: Friedrich bekommt nur den halben ersten Preis, er muss sich das Preisgeld mit einem sehr schlechten Historienmaler teilen, der sich aber im Gegensatz zu ihm an die Vorschriften gehalten hat. Das ist mehr als symbolisch für das Verhältnis von Goethe zu Friedrich: Es ist von der ersten Sekunde an halbherzig.

Aber egal: Friedrich ist nach dem Goethe'schen Ritterschlag zumindest ein halber Star in Dresden, das ist viel für diesen verschrobenen Spätzünder. Und Goethe hat eingesehen, dass es doch eine zu große Herkulesaufgabe ist, die sturen Sachsen und die störrischen Pommern zum Griechentum zu erziehen: Er stellt die ganze Weimarer Preisaufgabe mit dem Jahr 1805 endgültig ein.

Friedrich glaubt trotzdem, dass er in Goethe nun einen Bruder im Geiste gefunden hat. Er schreibt ihm einen ehrerbietigen Dankesbrief für den halben Preis und schenkt Goethe die ganzen Fischer und die ganzen Mönche, »um mir das Bewusstsein zu lassen, dass der Herr Geheimrath von Goethe Zeichnungen meiner Arbeit besitzt«.

Und damit beginnt nun für die nächsten Jahre ein reger Postverkehr zwischen Dresden und Weimar. Ständig packt Caspar David Friedrich neue Zeichnungen und Bilder ein, um sie nach Thüringen zu schicken, weil er hofft, dass sie bei Goethe oder am Hofe des Herzogs von Sachsen-Weimar auf Gefallen stoßen könnten. 1808 sendet er drei Sepiazeichnungen zur jährlichen Weimarer Kunstausstellung, darunter den Ausblick aus dem rechten Fenster seiner Dresdner Wohnung. Die *Jenaische Allgemeine Literatur-Zeitung* feiert »die bis zur Täuschung getriebene Wahrheit, womit unser Künstler den Unterschied zwischen der Aussicht in die freie Luft und der kaum merklichen trüberen Durchsichtigkeit des Glases darzustellen gewusst hat«, aber niemand will das hinreißende Fensterbild kaufen, und es geht zurück nach Dresden.

Friedrich jedoch will partout geliebt werden von diesem Goethe, und so macht er etwas, was er nie zuvor und nie danach getan hat – er illustriert ein Gedicht von ihm. Und das wird dem Dichterfürsten von der Malerin Caroline Bardua brühwarm aus dem Atelier nach Weimar vermeldet: »Friedrich, der Landschaftsmaler, hat das Gedicht ›Schäfers Klage‹ zur Freude aller, die es sahn, gemalt. Dieser Friedrich ist auch so verliebt in Sie, dass er nichts sehnlicher wünscht, als nur einmal Sie von Angesicht zu Angesicht sehen zu können.« Von so viel Anbetung lässt sich Goethe immer becircen. Und so sorgt er dafür, dass im Sommer des Jahres 1810 nicht nur besagtes Gemälde, die »Landschaft mit Regenbogen« über die fünfte Strophe seines berühmten Gedichtes, sondern auch noch vier andere Bilder Friedrichs vom Weimarer Hof angekauft werden, offenbar vermittelt von einem früheren Prinzenerzieher.

Aber Friedrich, herrlich ungeschickt, belästigt Goethe, während dieser in Teplitz kurt, mit ganz genauen und komplizierten Anweisungen, wie nach der Ankunft der Bilder in Weimar, wo Goethe ja gerade gar nicht ist, seine Leinwände abgewaschen und gefirnisst werden sollen – das gibt der Dichterfürst dann knurrend per Post weiter an Johann Heinrich Meyer, seine rechte Hand in Kunstdingen, und man spürt, wie Friedrich dem Geheimrat ganz langsam lästig zu werden beginnt. Er, der sonst alles aufbewahrt, hat diesen Brief Friedrichs offensichtlich gleich in Teplitz genervt in den Papierkorb geworfen.

Es sind also von Anfang an ungeliebte Bilder, die da in Weimar ankommen. Der engstirnige, aber wortgewaltige Johann Heinrich Meyer schreibt denn auch, nachdem er die ausführliche Waschanleitung erhalten hat, an Goethe, der die Bilder offenbar noch gar nicht kennt, dass sie »in der Anordnung schwach sind« und Friedrich nicht in der Lage sei »Licht und Schatten zu benutzen«. Na bravo. Da wird sich der Geheimrat aber sehr auf seine Rückkehr gefreut haben. Er ist sicher froh, dass die Bilder direkt ins Schloss wandern, die Regenbogenlandschaft mit dem Schäfer und auch eine zweite Regenbogenlandschaft, in die sich Friedrich sogar selbst hineingemalt hat, ein langer Lulatsch, der sich auf einen Stock stützt, der Kopf, wie immer bei Friedrich, wenn er die Menschen nicht von hinten malt, viel zu klein für die langen Glieder.

Die beiden Regenbögen spannen sich über Jahrhunderte hinweg und hängen also zunächst in den Sammlungen des Herzogs und seiner Frau. Doch dann kommt 1918 die Abschaffung der Monarchie – und das Bild wird verkauft. Angeblich von dem »Rat der Volksbeauftragten«, der 1919 die demokratische Herrschaft übernimmt, eher aber wohl doch von der großherzoglichen Familie selbst. Auf jeden Fall findet die »Gebirgslandschaft mit Regenbogen« in den goldenen zwanziger Jahren den Weg zur Berliner Galerie Cassirer. Und diese wiederum verkauft sie an den jüdischen Sammler Georg Hirschland in Essen, der sie 1939 zwangsweise weiter ans dortige Folkwang Museum geben muss, wo sie bis heute von der nicht erwiderten Liebe Friedrichs zu Weimar erzählt. Und der zweite Regenbogen, jener, der sich über »Schäfers Klagelied« spannt und heute »Landschaft mit Regenbogen«, also ohne Gebirge, heißt? Auch er ist nicht mehr in Weimar. Er geht in den Nachkriegswirren von 1945 verloren und schlägt sein leuchtendes Band heute vielleicht in den Weiten Amerikas, in einem Wohnzimmer der Nachfahren eines kunstliebenden Offiziers. Das Bild ist genau so versunken wie die kleine Insel Schnakenburg im Greifswalder Bodden, auf der Friedrich in seinem Bild den Regenbogen enden lässt.

*

Im Jahre 1810 malt Friedrich das vielleicht kühnste Bild, das er je malen wird, den »Mönch am Meer«. Monatelang quält er sich damit rum. Besucher in seinem Atelier beschreiben das Bild, und offenbar sieht es ständig anders aus. Erst ist es Nacht, dann Tag. Erst gibt es viele Boote auf dem Meer, dann übermalt Friedrich sie wieder. Das riesige Gemälde steht monatelang auf der Staffelei, und anscheinend wird es von Woche zu Woche radikaler. Am Ende bleibt nur der Mönch übrig und über ihm und um ihn 19 Möwen. Ein bisschen Sand, viel Wasser und dann der unendliche Himmel, der alles wie ein Schlund zu verschlingen scheint.

Weil er von allen Seiten gedrängt wird, also vor allem von seinen beiden malenden Verehrerinnen Caroline Bardua und Louise Seidler, besucht Goethe am 18. September 1810, auf dem Rückweg von seiner Kur in Teplitz, tatsächlich Caspar David Friedrich in seinem Atelier. Hier zeigt sich wieder einmal Goethes untrüglicher Sinn für den historisch entscheidenden Moment. Denn er steigt die Stufen zu Friedrichs Wohnung im Haus An der Elbe 27 genau dann hinauf, als dort die sächsische, die deutsche und die europäische Malerei einen neuen Höhepunkt erreicht. Aber Goethe, gefangen in seiner Sehnsucht nach lebenspraller, erzieherischer Kunst, ist gar nicht in der Lage zu erkennen, was da im kargen Atelier von Friedrich auf der Staffelei steht. Er notiert abends in sein Tagebuch: »Zu Friedrich. Dessen wunderbare Landschaften. Ein Nebelkirchhof, ein offenes Meer.« Und wenn Goethe »wunderbar« sagt, dann ist das leider kein

Kompliment, es bedeutet eher »wundersam« oder »wunderlich«, denn Friedrich wird ihm immer fremder. Die Melancholie auf seinen Bildern macht Goethe schier verrückt, sicher auch, weil er seine eigene gefährdete Seele fast panisch von diesen schwermütigen Tönen reinhalten will.

Der »Nebelkirchhof«, das ist die »Abtei im Eichwald« und das »offene Meer« ist der »Mönch am Meer«, er spürt also die »Offenheit« dieses Bildes, aber er nimmt sie nur als Gefahr wahr, nicht als den kühnsten und modernsten Ausdruck des Verlorenseins in der Gegenwart. Robert Rosenblum wird 1975 den »Mönch am Meer« auf das Cover seines Standardwerkes *Modern Painting and the Northern Romantic Tradition* setzen und dem Buch den Untertitel *Friedrich to Rothko* geben. Was im Sommer 1810 entstanden ist, ist der Anfang der abstrakten Malerei.

Der »Mönch am Meer« ist das Bild eines verzweifelten Mannes. Gnadenlos lastet der düstere Himmel auf den Schultern des einsamen Mönches am dunklen Wasser, er steht verloren auf einem kleinen Sandhügel am Rande des finsteren Ufers. Es formuliert letztlich die Paradoxie des Glaubens: eine Aufrechterhaltung der Hoffnung im Wissen um deren Aussichtlosigkeit. Friedrich malt das Bild, als er kurz hintereinander erst seine Schwester und dann seinen Vater verloren hat, das Bild ist von Monat zu Monat dunkler und radikaler geworden, wie wir von den Besuchern seines Ateliers wissen. Nie zuvor ist das Zweifeln an Gott, die Nichtigkeit des Einzelnen und seine

Verlorenheit angesichts der Urkräfte der Natur kompromissloser dargestellt worden. Es ist seine Erinnerung an sich selbst und sein Zerschmelzen am Strand von Rügen. Es ist der Urknall der Romantik.

Der Theologe Friedrich Schleiermacher ist derjenige, der Friedrich darum bittet, das Bild zur Ausstellung der Berliner Akademie zu senden, die im Herbst 1810 eröffnet wird. Er ist fasziniert von diesem modernen Mönch. Die Figur ist natürlich ein Selbstbildnis, der Mönch ist Verführer und Verführter zugleich: Gott hat ihn gelockt und dann allein gelassen – und nun verführt er uns, auf dass wir uns mit ihm in seinen abgründigen Strudel stürzen.

Wer es besonders abgründig mag, der kann in dem dazugehörigen Bild, der »Abtei im Eichwald«, die Friedrich auf eine Leinwand vom gleichen Leinenballen gemalt hat, auch das Begräbnis jenes Mönches sehen, der hier gerade noch am Strand über den Sinn des Lebens nachgedacht hat. Aber so abgründig denkt 1810 zum Glück noch niemand.

Weil Friedrich immer und immer wieder an dem Bild herumgedoktert hat, kann er es erst zur Berliner Ausstellung senden, als diese längst eröffnet hat. Noch ist die Ölfarbe nicht durchgetrocknet, wer sich dem Bild nähert, kann dessen Frische riechen. Aber die Besucher der Ausstellung wollen sich ihm gar nicht nähern. Sie reagieren verwirrt und verstört. Es wird gespottet. Alles untrügliche Anzeichen dafür, dass hier etwas wirklich Neuartiges zu sehen ist. Achim von Arnim und Clemens Brentano schreiben für Heinrich von Kleists neue Zeitung, die *Berliner Abendblätter*, eine lustige Dialoggeschichte. Da unterhalten sich zwei vor dem Bild, und es wird über Erhabenheit gejuxt und über Ergriffenheit. Das gefällt den Leuten. Nur einem gefällt es nicht: dem Herausgeber Kleist. Aus Zorn greift er selbst zur Feder. Es wird einer seiner größten Texte, weil er so pur ist, so ungeschützt, genau wie Friedrichs Bild. Aus den »Empfindungen vor Friedrichs Seelandschaft« wird immer nur dieser eine Satz zitiert, dieses, »so ist es, als ob einem die Augenlider weggeschnitten wären«. Doch man sollte den Text in Gänze lesen, auch wenn es dann ungemütlich wird. Kleist nämlich schreibt über den am Strand verlorenen Mönch: »Nichts kann trauriger und unbehaglicher sein, als diese Stellung in der Welt: der einzige Lebensfunke im weiten Reiche des Todes, der einsame Mittelpunkt im einsamen Kreis. Das Bild liegt ... wie die Apokalypse da.«

Und dann schreibt er, nun müsse er aufhören, denn was er weiter empfinde, wage er nicht auszusprechen. Die Aussichtslosigkeit, die Kleist in Friedrichs Bild erkennt, ist seine eigene. Sie reißt ihn mit. Wenige Monate später wird er das Unaussprechliche tun und sich mit einer Pistole erschießen.

Und wo? Auf einem kleinen Sandhügel am Rande des Kleinen Wannsees bei Berlin. Hinter ihm der dunkle See. Über ihm der dunkle Himmel. Er hat das Bild von Caspar David Friedrich als Handlungsanweisung und als Bühnenbild verstanden – und in radikalster Konsequenz zu Ende gedacht. Ich kann bis heute den »Mönch am Meer«

nicht ansehen, ohne zu denken, dass die Figur eine Pistole unter ihrer Kutte trägt.

*

Preußen verliert am 19. Juli 1810 seine Königin und seine verheißungsvolle Zukunft, der 14-jährige Friedrich Wilhelm aber verliert mehr, er verliert seine Mutter. Noch in der Nacht ist er mit seinem Vater und seinem Bruder aus Berlin in der Kutsche nach Hohenzieritz gehetzt, in Panik, weil seine Mutter, die Königin Luise, dort auf ihren heimischen Gütern plötzlich von schwerem Fieber gepeinigt wird. Zweimal muss der Kutscher in dieser Nacht unterwegs die völlig erschöpften Pferde wechseln, so sehr hat er sie mit der Peitsche angetrieben und so sehr wird er selbst angetrieben von der Angst in der Stimme des Königs. Fünf Stunden rast die Kutsche über die staubigen Feldwege gen Norden. Als sie in Hohenzieritz ankommen, geht gerade die Sonne auf über Mecklenburg, die Nebelschwaden steigen aus den noch schläfrigen Wiesen, und im weitläufigen Park erwachen die Vögel. Alles sieht aus wie ein Anfang. Aber es ist ein Ende.

Ernst empfangen sie die Diener an der Pforte, sie können dem König und seinen Söhnen nicht in die Augen sehen, sonst würden ihre Tränen sie verraten. Friedrich Wilhelm eilt mit Bruder und Vater die Treppe hinauf zu Luises Schlafgemach, er öffnet die schwere Eichentür und sieht dort auf dem Bett seine Mutter im Todeskampf. Um zehn Uhr morgens verliert sie ihn dann, sie ist nur

34 Jahre alt geworden. Auf ihrem Nachttisch steht ein Strauß blühender Hortensien. Mit seinem Bruder kniet er vor dem weißen Bett seiner Mutter, betet und weint, ja, er weint, auch wenn er weiß, dass er eigentlich selbst in diesem Moment seine Contenance bewahren soll.

Friedrich Wilhelm versinkt nach der Rückkehr nach Berlin in Trauer, er schleppt sich durch die nächsten Monate. Der heiße August, der leuchtende September, der glühende Oktober, sie dämmern an ihm vorbei. Doch das Hofzeremoniell verlangt, dass der Kronprinz Zuversicht ausstrahlt, auch wenn für ihn persönlich gerade die Welt untergegangen ist. Und so muss er in die Jahresausstellung der Akademie gehen. An der Seite seines Vaters geht er teilnahmslos durch die Räume, endlose Reihen nichtssagender Landschaften und mythologischer Darstellungen, doch da fällt sein Blick plötzlich auf ein ungeheures Bild. Ein Mann am Strand, einsam, verloren, mit dem Himmel hadernd. Der Kronprinz sieht den »Mönch am Meer«. Das wünsche ich mir, sagt er zu seinem Vater, fast flüsternd, damit es sonst niemand hört. Der König ist so überrascht über diesen plötzlichen Wunsch seines Sohnes, dass er das Bild kauft, und für 450 Taler kauft er auch die genauso triste Begräbnisszene daneben, die leider dazugehört, die »Abtei im Eichwald«. König Friedrich Wilhelm III. hat keine Ahnung, was sein Sohn damit will, aber er freut sich über alles, was ihn aufzuheitern vermag und seien es solch trostlose Bilder.

*

Wie kann es sein, dass ein und dasselbe Bild von einem einsamen Mönch am Meer den einen Menschen, den Kronprinzen, in tiefster Trauer trösten kann – und den zweiten, Heinrich von Kleist, hinabgleiten lässt in den tödlichen Sog der Einsamkeit und Untröstlichkeit?

*

»Wie kommt das Neue in die Welt?«, so heißt es am Anfang der *Satanischen Verse* Salman Rushdies. Und dann stellt Rushdie gleich danach die mindestens ebenso große Frage: »Wie überlebt es, extrem und gefährlich, wie es ist?« Im Falle von Caspar David Friedrichs »Mönch am Meer« lautet die überraschende Antwort: Indem es in die Obhut eines 14-jährigen preußischen Kronprinzen kommt, der selbst in für ihn so neuartiger, extremer Trauer versunken ist, dass er das Leben ohne dieses Bild für weit gefährlicher hält. Solange er lebt, lässt Friedrich Wilhelm IV. den »Mönch am Meer« also keinen einzigen Tag aus den Augen, er wandert mit ihm durch alle seine Wohnungen im Berliner Schloss. Und sein Herz, das seit dem frühen Tod der geliebten Mutter gebrochen ist und es zeitlebens bleibt? Er verfügt in seinem Testament, dass es seinem Leichnam entnommen werden soll, um es direkt neben der Mutter in deren Mausoleum im Schlosspark Charlottenburg zu bestatten. Und genau so kommt es, als er 1861 stirbt. Das Herz geht zur Mutter, der Körper nach Potsdam in die eigene Gruft und die Seele hoffentlich in den Himmel, aber das ist der einzige Aufenthaltsort, über den auch ein preußischer König nicht testamentarisch verfügen kann.

*

Noch nie, so notiert Ernst Jünger im Juli 1942 in seinem Tagebuch, habe er den Duft der Lindenblüten intensiver empfunden als hier in Paris. Vielleicht liegt das auch daran, dass er seine Nase inzwischen so weit oben trägt. Das Eiserne Kreuz und der Orden Pour le Mérite an seiner Uniform stammen noch aus dem Ersten Weltkrieg, als er das erste Mal gegen die Franzosen gekämpft hat. Jetzt führt der Autor von *In Stahlgewittern* und dem *Kampf als inneres Erlebnis* inmitten des im Windschatten des Krieges erstarrten Paris ein verstörendes Dandy-Leben. Als Besatzungsoffizier im Kommandostab der Wehrmacht hat er sein Büro in einer Suite im Hôtel Majestic, der Füller und das Burgunderglas sind stets griffbereit. Jünger ist längst ein ernüchterter Pathetiker geworden, der nach neuen Käferarten sucht, weil er den Menschen zu gut zu kennen glaubt. Aber in den drückend schwülen Sommermonaten des Jahres 1942 ist Jünger innerlich zerrissen wie nie zuvor in den 47 bewegten Jahren seines Lebens – zwischen seiner Ehefrau Gretha, die zu Hause im fernen Kirchhorst seiner harrt, und der deutsch-jüdischen Kinderärztin Sophie Ravoux in Paris, die ergriffen und zärtlich seine Fingerspitzen abtastet, weil sie hofft, dort ein Gefühl zu finden.

Jüngers militärischer Auftrag in Paris lautet, den Kampf

um die Vorherrschaft im französischen Besatzungsgebiet, der zwischen Wehrmacht und den NS-Parteistellen tobt, zu dokumentieren. Doch sein Tagebuch wird zu einer Dokumentation des Kampfes um die Vorherrschaft in seinem streng bewachten Herzen. Als seine Ehefrau die Bedeutsamkeit der Affäre spürt, bettelt Jünger um Vergebung, er schickt ihr sündhaft teures Parfüm, Gänseleberpastete, Trüffel und Likör aus Paris nach Kirchhorst. Und Jünger hofft naiverweise, dass das hilft. Nie scheint er näher am Nervenzusammenbruch als während dieser Zerreißprobe. Und am 18. Juli 1942, sichtlich durcheinander vom Zustand der Welt im Allgemeinen und seiner Ehe im Besonderen, sieht sich Ernst Jünger plötzlich als Friedrichs »Mönch am Meer«: »Wenn ich die Augen schließe, erblicke ich jetzt zuweilen eine schwarze Landschaft, mit Steinen, Klippen und Bergen, am Rande der Unendlichkeit. Im Hintergrunde, vielleicht am Rande eines schwarzen Meeres, erkenne ich mich selbst, ein winziges Figürchen, das wie mit Kreide aufgezeichnet ist. Das ist meine Vorpostenstellung, ganz hart am Nichts – dort hinten am Abgrund kämpfe ich für mich.«

*

Frage an Peter Sloterdijk: »Was macht den ›Mönch am Meer‹ so unerhört?« Seine Antwort: »Es ist das erste Bild der Auflösung des Subjekts in der Substanz.«

*

Ganz am Ende seines Lebens ist Caspar David Friedrich dann auch in einem doppelten Sinne nah am Wasser gebaut. Seine Frau schreibt nach dem Tod von Caspars Bruder Adolf 1838 an die Familie in Greifswald, dass ihr Mann leider zu sehr mit den Nerven am Ende sei, um selbst etwas zu schreiben, »denn Freud und Leid bringen ihn gleich zu Thränen«. Sein Gesicht ähnelt mehr und mehr einer verlorenen Schlacht. Als ihn 1840 sein russischer Freund Wassili Schukowski ein letztes Mal besucht, da notiert er so lapidar wie ernüchtert: »Traurige Ruine. Er weinte wie ein Kind.«

*

Kaum ist Friedrich am 11. August mit seiner Frau über die Ostsee von Rügen nach Stralsund gesegelt, da kommt am 31. August 1818 ein anderes Boot im Stralsunder Hafen an – es ist in Kopenhagen losgesegelt, an Bord der norwegische Landschaftsmaler Johan Christian Clausen Dahl, ein kerniger Naturmensch mit roten Backen. Er hat gerade sein Studium in Kopenhagen beendet, genau wie Friedrich ein paar Jahre zuvor, nun segelt er in diesem August an Friedrichs Lieblingsinsel Rügen vorbei und nimmt Kurs auf Stralsund. Das Boot, mit dem Dahl sich langsam dem ihm noch unbekannten Friedrich nähert, trägt den schönen Namen »Die zwei Brüder«. Als der 30-jährige Langzeitstudent nach seiner Reise übers Land in Dresden angekommen ist, geht er auch schon mit einem Empfehlungsschreiben zum 14 Jahre älteren

Friedrich ins Haus An der Elbe 26. Sie werden auf Anhieb ziemlich beste Freunde. Sie gehen spazieren, sie trinken zusammen Bier, sie reden viel. »Landschaftsmaler Friedrich und ich gingen lange und spazierten im Großen Garten vor der Stadt«, schreibt Dahl schon im Dezember 1818 in sein Tagebuch. Und als Friedrich in diesen Tagen ein besonders geglücktes Gemälde von Dahl auf der Leinwand sieht, da ruft er voller Begeisterung aus: »Zum Teufel! Das ist ja derart vortrefflich, ich hätte nicht gedacht, dass Sie so malen.« Das erzählt Dahl voller Glück in einem Brief an seine Freunde in Norwegen. Von den älteren Professoren in Dresden werden Dahl und Friedrich verlacht, von den jüngeren Malern werden sie verehrt. Das schweißt sie noch mehr zusammen. Und bald zieht Dahl sogar in Friedrichs neues Haus An der Elbe 33, er wohnt nur ein Stockwerk weiter oben, und später wird Friedrichs Sohn Gustav Adolf sogar Malstunden bei dem befreundeten Norweger nehmen.

Den schönsten Beweis ihrer Freundschaft aber liefern sich diese beiden außergewöhnlichen Maler im Medium der Malerei selbst: Im Frühjahr 1820 beschließen sie, sich gegenseitig mit Gemälden zu beschenken. Dahl schenkt Friedrich ein Gemälde, das den Titel »Fluss im Plauenschen Grund« trägt, und jenen rauschenden Bach zeigt, an den es auch Friedrich seit seinen ersten Dresdner Tagen immer wieder gezogen hat (kein besonders schönes Bild übrigens für unsere heutigen Augen). Friedrich wiederum schenkt Dahl eine seiner größten Bilderfindungen: die »Zwei Männer in Betrachtung des Mondes«. Es ist vergleichsweise naheliegend, dass es die ziemlich besten Freunde Dahl und Friedrich zeigt und dass sich der jüngere, kleinere Dahl hier auf die Schulter des größeren und älteren Friedrich stützt, und sie beide den Mond betrachten, ergriffen und andächtig. Jeden Abend, wenn es dämmert, kommt Dahl die Treppe zu Friedrich heruntergestiegen, und dann gehen sie gemeinsam hinaus, um im letzten Licht den Tag zu verabschieden und den Mond zu begrüßen.

*

Nachdem Friedrich im Jahre 1840 gestorben ist, verkauft Dahl der Dresdner Gemäldegalerie sein Freundschaftsbild der Mondbetrachter als Andenken an Friedrichs große Zeit, ein »tief empfundenes und stilles Naturleben atmendes Bild«, wie Dahl schreibt. Es hängt noch ein paar Jahre im Museum, doch dann ist Friedrich so altmodisch geworden, sogar in Dresden, dass es im Depot verschwindet. Ja, das Urbild der Rückenfiguren, die für uns in die Landschaft schauen und es uns erlauben, auf sie und gleichzeitig mit ihren Augen die Natur zu sehen, es verstaubt in einem Regal im Keller. Andere Kunst wird modern, eine andere Zeit beginnt, die sehnsüchtige Innerlichkeit, die Friedrichs Gemälde verkörpern, ist aus der Zeit gefallen. So sehr, dass im Jahre 1902 die Zeitschrift *Der Kunstwart* das Gemälde »Zwei Männer in Betrachtung des Mondes« abdruckt und dazu schreibt: »Caspar David Friedrich, wer war das?« Er sei, so belehrt die Zeitschrift das überraschte Deutschland des Kaiserreiches, ein »wilder Kunstrevolutionär« gewesen. Es gibt so viele begeisterte Zuschriften, dass die Redaktion in der nächsten Ausgabe berichtet: »Es scheint wirklich, als wenn der Vorahner, der einst ein nüchternes Alter ärgerte und eine sehnende Jugend begeisterte, nach fast 100 Jahren noch einmal Freunde finden sollte.«

*

Am 31. Januar 1937 besucht der junge irische Autor Samuel Beckett Dresden und geht in das Sekundogenitur-Gebäude auf der Brühlschen Terrasse, in dem sich das Museum für die Kunst des 19. Jahrhunderts befindet. Er schreibt in sein Tagebuch: »Caspar David Friedrich. Ganzer Saal voll.« Friedrich hat also tatsächlich im 20. Jahrhundert einen neuen Freund gefunden. Beckett vermerkt, als er das friedlich dahindämmernde Museum am 14. Februar 1937, also ausgerechnet auf den Tag genau acht Jahre vor dem schrecklichen, traumatischen Bombardement Dresdens, erneut besucht: »Friedrich. Schöne Vorliebe für 2 kleine, müde Männer in seinen Landschaften, wie in der kleinen Mond-Landschaft, die einzig noch akzeptable Form der Romantik: Das Ganze in Moll.«

Dass dieser Tag das Urerlebnis für *Warten auf Godot* ist, das verrät Beckett erst in den 1970er Jahren, als er der Journalistin Ruby Cohn erzählt: »This was the source for *Waiting for Godot*, you know.« Der Baum der ersten Regieanweisung des Stücks ist also einer von Caspar David

Friedrich: »Landstraße. Ein Baum. Es ist Abend.« Beckett gibt seine geheime Inspirationsquelle paradoxerweise vor dem Friedrich-Gemälde »Mann und Frau in Betrachtung des Mondes« in der Alten Nationalgalerie in Berlin preis. Das Bild ist eine Variante der ersten Dresdner Version, bei der eine der männlichen Figuren durch eine weibliche ersetzt worden ist. Aber offenbar lässt Beckett die Tatsache, dass da in Berlin plötzlich eine Frau neben einem Mann steht, dann doch noch stutzen. Ja, vielleicht ist die Verwirrung darüber, dass die scheinbare Vorlage gar nicht seiner Erinnerung entspricht, der wahre Grund für jene bis heute gültige testamentarische Verfügung Becketts: Die beiden Hauptrollen in seinem Stück *Warten auf Godot* dürfen nur von Männern gespielt werden.

*

Aber wie kann es eigentlich sein, dass es in Becketts Stück, dem bedeutendsten des absurden Theaters, um das sinnlose Warten zweier Menschen auf einen inexistenten Godot geht und beide verloren sind in der Landschaft und in der Welt – und dass ebendieses Stück inspiriert ist von dem Bild eines Malers, das die genau gegenteilige Botschaft hat? Wir sehen bei Friedrich zwei Menschen, die geborgen sind in der Landschaft und die wissen, dass ihr Warten auf den existierenden Gott Erfüllung finden wird.

Der Ideenhistoriker Isaiah Berlin hat in seinem Buch *The Roots of Romanticism* beschrieben, dass tief empfundene und radikal gedachte Ideen oft nicht nur stark verändert werden, wenn sie sich der Wirklichkeit anpassen müssen. Nein, häufig würden sie sogar genau in ihr Gegenteil verkehrt. Sie verändern ihren Charakter – so wie bei Beckett, der die »Zwei Männer in Betrachtung des Mondes« die »einzig akzeptable Form von Romantik« genannt hat. Und sie auf herrliche Weise missversteht. Oder besser versteht als wir, wer weiß das schon?

*

Den Nationalsozialisten erscheint dann die gesamte Romantik als einzig akzeptable Form von Kunst, sie wird als schönster Beleg für die »deutsche Innerlichkeit« gefeiert. Im Jahre 1940 wird ein großer Aufsatz mit diesem Titel publiziert, der in den Worten gipfelt: »In Caspar David Friedrichs Werk, der Leistung keines anderen Volkes vergleichbar, wird das ewige Deutschland immer wesentliche Züge seiner Seele in reiner Verkündigung erblicken.«

Als im Zweiten Weltkrieg die Schätze der Dresdner Gemäldegalerie ausgelagert werden müssen, weil die Front immer näher rückt, da werden folglich die »Zwei Männer in Betrachtung des Mondes« vom ewigen Deutschland wie ein rohes Ei behandelt, schließlich ist es bis zum Rand voll mit kostbarer Innerlichkeit. Das Gemälde kommt 1942 mit all den anderen Dresdner Friedrichs in das trutzige mittelalterliche Schloss Weesenstein, das auf einem Felsen im schwer zugänglichen Müglitztal thront. Die Deutschen Werkstätten Hellerau übernehmen mit Dieselmöbelwagen den Transport. Die Mauern von Weesenstein sind meterdick, die besonders schützenswerten Zeichnungen lagert man in der ehemaligen Folterkammer, die Gemälde kommen in den ehemaligen Knappensaal. Daneben sichert man die Skelette von Vögeln und Säugetieren aus dem Museum für Tierkunde und sieben Kisten mit südamerikanischen Schädeln aus dem Dresdner Hygiene-Museum.

Es werden zwei Wachleute abgestellt, die die einzigartigen Schätze rund um die Uhr bewachen. Da aber, wie die Gauleitung mitteilen lässt, »Männerarbeit in puncto Reinemachen immer unvollkommen ist«, darf einmal pro Woche eine Putzfrau aus Dresden zum Wischen kommen, denn die Gemälde und Zeichnungen lagern unverpackt in den Regalen, darunter Raffaels »Sixtinische Madonna«.

Der Direktor der Gemäldegalerie, Hermann Voss, zieht nach den Luftangriffen auf Dresden am 13. Februar 1945 sogar selbst in das nur eine halbe Stunde entfernte Schloss, um persönlich über seine Schätze wachen zu können, nachdem nun die Museumsgebäude selbst zerstört sind. Ja, in seiner unguten Doppelrolle als Museumsdirektor einerseits und Hitlers Sonderbeauftragter für das geplante Führermuseum in Linz andererseits lagert er auch für Linz vorgesehene Kunstwerke nach Weesenstein aus. All das weiß dank Geheimdienstinformationen die russische Trophäenkommission, die Weesenstein am 8. Mai 1945 besetzt. »Wo ist die Sixtinische Madonna?«, ist die erste Frage, die der erste russische Offizier stellt –

und zwar auf Deutsch. Tausende russische Soldaten feiern ein paar Tage später im Schlosspark mit einem riesigen Besäufnis bis morgens um fünf ein Stalinfest; man holt sich dafür handgeschliffene Gläser aus dem Schloss. Währenddessen oder in den folgenden Tagen gehen zwei Caspar David Friedrichs verloren, die »Rast bei der Heuernte« und die »Zwei Wanderer am Meer«, auch einige seiner Skizzenbücher und Zeichnungen. Wir wissen das so genau, weil eigentlich etwas Wundersames geschieht in diesen Tagen der sowjetischen Besatzung. Die Trophäenkommission verpackt den gesamten Bestand der schönsten Gemälde des Museums und schickt ihn erst mit Lastwagen und dann mit Zügen als Beutekunst nach Russland. Doch ausgerechnet die Caspar David Friedrichs lässt man zurück, keiner von ihnen wird in die Sowjetunion verschickt. Als wüsste Stalin, dass die Nationalsozialisten ihn zu ihrem Künstler hatten machen wollen, als habe er zu viele gefallene deutsche Soldaten mit dem kleinen Friedrich-Almanach in der Brusttasche gesehen, als wüsste er, dass Friedrich als Schutzheiliger des ewigen Deutschland gilt. Ja, die ganze Dresdner Romantik erscheint den Sowjets offenbar kurzfristig so anrüchig, dass sie sie nicht in Moskau haben wollen.

Und so kommt der Restaurator der Dresdner Gemäldegalerie, der wackere Alfred Unger, im Oktober 1945 mit einem Pferdewagen am Schloss an. Er zeigt seinen Dienstausweis mit den vielen Stempeln vor, weil er weiß, dass das immer hilft, selbst bei Russen, dann lädt er Friedrichs »Zwei Männer in Betrachtung des Mondes«

ein, dazu zwei andere Friedrichs, einen Dahl und einen Carus, setzt sich selbst auf den Bock, nimmt die Zügel des müden Gauls in die Hand, und der trottet über Stock und Stein zurück ins zerstörte Dresden.

Nur sehr selten verlassen diese »Zwei Männer in Betrachtung des Mondes« Dresden. Einmal, am Anfang des 21. Jahrhunderts, fliegen sie nach New York, denn im Metropolitan Museum sollen sie zum ersten Mal nach fast zwei Jahrhunderten wieder neben jenen »Zwei Männern in Betrachtung des Mondes« hängen, die Friedrich seinerzeit ebenfalls gemalt hat, und zwar für seinen Arzt, dem die Urfassung so gefallen hat, dass er ihre Replik als Bezahlung für seine Behandlungen akzeptiert hat. Doch als die beiden Bilder das erste Mal wieder vereint sind, kann sie niemand sehen. Am Tag der geplanten Ausstellungseröffnung der »Moonwatcher«, dem 11. September 2001, fliegen zwei islamistische Attentäter mit gekaperten Flugzeugen in das World Trade Center und zerstören es. Das Zeitalter der Romantik ist zu Ende, als es gerade neu eingeläutet werden soll. Am Abend des 11. September kann niemand in New Yorks Innenstadt den Mond betrachten, der Ruß vernebelt den Himmel und die Angst den Blick nach oben.

*

Das erste Bild Friedrichs, das ganz legal den Weg nach Russland findet, ist »Auf dem Segler«. Es ist vielleicht das poetischste Bild, das er je gemalt hat, das innigste auch, nie ist sich ein Paar bei ihm wirklich so nah wie der Mann und die Frau auf dem Bug, die ja eigentlich der Maler und seine Frau sind, die hier gerade ihre gemeinsame Fahrt durchs Leben beginnen (und das Cover dieses Buches zieren). Es ist so viel Aufbruch in diesem Bild, und die Sehnsucht darauf ist, sehr selten bei Friedrich, ganz ohne jeden Schmerz. Für einen winzigen Moment scheint der Maler wirklich auf eine bessere Zukunft gehofft zu haben.

Doch als der junge russische Großfürst Nikolaj Pawlowitsch, der spätere Zar Nikolaus I., Friedrich 1820 in seinem Atelier besucht, da sieht er auf dem Bild auf der Staffelei: nur sich selbst. Nicht nur, dass er genau wie der Maler glücklich und noch ziemlich frisch verheiratet ist, und zwar mit der preußischen Prinzessin Charlotte, der Schwester jenes Kronprinzen Friedrich Wilhelm, der sich vom Vater den »Mönch am Meer« gewünscht hat. Und der seine Schwester bald darauf mit dem Friedrich-Fieber angesteckt hat, so dass sie nun ihrem frisch angetrauten Mann einen eigenen Wunsch ins Ohr geflüstert hat, weil sie sich im fernen St. Petersburg heimischer und wohler fühlen würde mit einem Friedrich-Gemälde an der Wand. Dass der Großfürst Nikolaj nun aber in Friedrichs Atelier genau dieses Bild auswählt, das dürfte auch damit zusammenhängen, dass er und seine Frau im Sommer des Jahres 1820 tatsächlich das erste Mal gemeinsam mit dem Schiff von St. Petersburg nach Deutschland gereist sind – und es ist zudem die erste Reise, die sie ohne ihre beiden kleinen Kinder machen. So kauft sich der Großfürst im Atelier Friedrichs in Dresden also vor allem ein Erinnerungsbild an seine erste kinderfreie Schiffsreise mit seiner geliebten Frau. Friedrich ist irritiert, wie schnell der Verkauf über die Bühne geht. Die Romantik ist auch eine Geschichte der Missverständnisse.

*

Genau 200 Jahre später kehrt das Bild »Auf dem Segler« erstmals nach Dresden zurück und wird feierlich begrüßt. Es kommt aus der Eremitage in St. Petersburg, wohin all die Friedrich-Bilder der Zarenfamilie gewandert sind, und ist in der deutsch-russischen Ausstellung »Träume von Freiheit« an seinem Entstehungsort zu sehen. Bis heute wirkt dieses Bild wie die Verheißung einer helleren Zukunft. Im Katalog besingt der russische Außenminister Sergej Lawrow die Romantik als »einzigartige grenzüberschreitende Kunstbewegung« und Friedrich als ihre Verkörperung. Mitte Februar 2022 kehrt »Auf dem Segler«, dieser besondere Traum von Freiheit, dann nach St. Petersburg zurück. Nur ein paar Tage nach der großen Feier der »grenzüberschreitenden Kunstbewegung der Romantik« überschreitet Russland eine ganz andere Grenze und beendet den Traum von Freiheit in der Ukraine. Friedrichs gemalte Utopie wird für westliche Augen lange Zeit unerreichbar sein. Auch diese Paradoxien müssen wir aushalten, wenn wir uns der Geschichte von Caspar David Friedrichs Bildern stellen.

*

Das Bild entsteht in Friedrichs Kopf, als er 1818 auf seiner Hochzeitsreise von dem winzigen Hafen in Wiek auf Rügen gemeinsam mit seiner Frau zurück aufs Festland segelt. 200 Jahre später, das Bild hängt gerade wieder in St. Petersburg, und Russlands Krieg gegen die Ukraine hat begonnen, gerät ausgerechnet dieser kleine Hafen in Wiek wieder in den Blick der Weltgeschichte. Im September 2022 legt hier die »Andromeda« an, eine kleine Segelyacht, fünf Kabinen, drei Toiletten, Gasherd, Kühlschrank. Viel Platz für Taucherausrüstungen. Eine Woche Miete kostet in der Nebensaison 3000 Euro. Die Besatzung, fünf Männer und eine Frau, geht in Wiek zum Edeka-Einkaufsmarkt von Jette Knull und deckt sich mit Nudeln ein und frischem Obst. Ihre Sprache sei osteuropäisch gewesen, erinnert sich der Hafenmeister später, ihre Kleider alle neu. Der Himmel ist klar und blau an diesem Tag, man kann hinüberschauen nach Hiddensee, auf der anderen Seite des Boddens. Dann sticht die »Andromeda« in See. Die Andromeda der griechischen Mythologie hat den Befehlen Poseidons gehorcht. Diese »Andromeda« jedoch einem bislang unbekannten osteuropäischen Kriegs- oder Wassergott. Die Segeltour von Wiek auf Rügen führt die Besatzung aufs offene Meer, in der Nähe von Bornholm ziehen die modernen Seeungeheuer dann ihre Taucheranzüge an und verschwinden in den Tiefen des Meeres.

Wenig später explodieren Sprengsätze an den Erdgaspipelines Nord Stream 1 und Nord Stream 2, die Deutschland ganz unromantisch weiterhin mit russischem Gas versorgt haben. Oberirdisch sieht man nur das sprudelnde Wasser, die Ostsee wirkt plötzlich wie ein riesiges Wasserglas, in dem sich eine Kopfschmerztablette auflöst.

*

Von wem redet eigentlich Kate Winslet, als sie im Film *Titanic* von Leonardo DiCaprio gemalt wird? Von Caspar David Friedrich etwa? Das muss die forsche Dame überlegen, die Günther Jauch im Frühjahr 2023 bei *Wer wird Millionär?* gegenübersitzt und die 4000-Euro-Frage beantwortet. Die da lautet, von welchem »damals noch wenig bekannten Maler« Kate Winslet in ihrer Kabine auf der »Titanic« so fasziniert ist. War es Picasso, van Gogh, Leonardo da Vinci oder Caspar David Friedrich, fragt Günther Jauch. »Das war, als er sie da so nackig malt«, sagt die Kandidatin. Sie tippt auf van Gogh. Jauch fragt, ob sie wirklich sicher sei, dass es nicht doch Caspar David Friedrich ist, an den Kate Winslet da denkt. Nein, sagt die Kandidatin, sie sei sich absolut sicher: Kate Winslet träume von Vincent van Gogh. Ob sie nicht vielleicht doch einen Telefonjoker fragen wolle? Nein, nein, sie sei sich sicher. Leider redet Kate Winslet aber von Pablo Picasso, sie hat sogar ein paar Bilder von ihm mit auf die »Titanic« genommen, sie stellt sie über ihr Bett und sagt dazu: »Sie sind faszinierend. Als wäre man in einem Traum oder so. Da ist Wahrheit, aber keine Logik.« Es klingt eigentlich wirklich genauso, als redete sie von Caspar David Friedrich, kurz bevor die »Titanic« den Eisberg rammt.

*

Nach Wochen des heftigen Frosts herrscht plötzlich Tauwetter an diesem Januartag des Jahres 1824, als Friedrich seine Wohnung verlässt und sich auf den Weg macht, um die Urkunde seiner Ernennung zum Professor an der Akademie entgegenzunehmen. Am Ufer der Elbe hört er, wie sich die Eisschollen knirschend ineinanderschieben, flussabwärts treiben, sie türmen sich an den Pfeilern der Augustusbrücke zu bizarren Gebilden auf. Eigentlich ist es ein ehrenvoller Tag, aber nur eigentlich. In Wahrheit ist er eine Schmach. Alles hätte Caspar David Friedrich dafür gegeben, Nachfolger von Klengel zu werden, also ordentlicher Professor für Landschaftsmalerei. Mit richtigen Studenten und einem anständigen Gehalt, mit dem er endlich seine Familie ernähren könnte, ohne immer auf die Heringsfässer von den Brüdern angewiesen zu sein oder auf die Almosen von Freunden, wenn er mal wieder ein paar Monate lang kein Bild verkauft hat. Doch Friedrich wird kein ordentlicher Professor, sondern nur ein, sagen wir, unordentlicher. Natürlich ist sein Demokratentum der Obrigkeit ein Dorn im Auge, seine flammenden Reden gegen die Fürsten. Aber noch schlimmer ist etwas anderes. Schlimmer ist, dass Friedrich so trübsinnige Bilder malt. Sie haben Angst, dass er damit die Jugend verdirbt, darum geben sie ihm den Posten nicht, diese Idioten.

Friedrich hat in seiner Verzweiflung angefangen, ein Bild über seine Situation zu malen, und er nennt es tatsächlich »Die gescheiterte Hoffnung«. Zwar heißt so eigentlich das Schiff, das auf seinem Gemälde von riesigen Eismassen zermalmt wird, aber jeder weiß, was er gemeint hat. Sein großer Traum, gefroren und zerborsten im Eismeer. Er lebt nur hundert Meter neben der Akademie, es würde so gut passen, es ist alles angerichtet, aber es soll nicht sein. Eigentlich kann er es nicht fassen. 200 Taler statt 100 Taler, das immerhin haben sie ihm gewährt, aber das heißt, dass er seine Familie eigentlich auch künftig nicht ernähren kann, wenn er nicht ständig malt und Bilder verkauft. Missmutig läuft er über die Brühlsche Terrasse, um das offizielle Schreiben abzuholen, im Schnee steht das Tauwasser, er sucht sich trockene Pfade. Die Elbe unten ächzt und knackt. Er will nachsehen, ob sich die Eisschollen an den Pfeilern der Augustusbrücke schon zu böhmischen Kuchen auftürmen, damit er es in ein Bild einbauen kann. Vom Sehen lernen, wie viel Blau und Braun der Herrgott selbst verwendet, um dem Weiß des Eises kaltes Leben einzuhauchen. So stapft er also vorbei an der prächtigen Akademie, auf die Brücke zu, die milde Sonne im Gesicht, da hört er die gellenden Schreie einer Frau, die sich über das Brückengeländer beugt.

Es trifft den Maler wie ein Blitz, was er dann sieht: Ein paar dumme Jungs sind unschuldig aufs Eis geklettert. Niemand hat sie daran gehindert, sie wissen es nicht besser. Fünf oder sechs liegen auf den Bäuchen, zwei rennen fort, und einer, einer ist im Wasser! Jetzt schreien viele durcheinander, zwei Männer eilen zur Hilfe, doch höchste Vorsicht ist geboten, das Eis befindet sich in Auflösung, und der Weg zum Unglücksort ist plötzlich sehr, sehr weit. Erschrocken wendet Friedrich den Blick ab, schließt die Augen, kann nicht hinsehen.

Da steigen die Bilder in ihm auf. Es ist Dezember 1787. Er und Johann Christoffer, sein geliebter Bruder, nur ein Jahr jünger, klettern am Wallgraben in Greifswald die Mauer hinab und in ein kleines Boot, das in den Wochen zuvor festgefroren ist und höher aus dem Eis ragt als im Sommer aus dem Wasser, das Eis hat es herausgehoben. Es ist ihr Schoner, sie träumen sich auf weite Reisen durch eisige Meere und fremde Welten. Da kommt im Spiel ein Sturm auf, und Friedrich, ganz versunken in der anderen Welt, springt über Bord, ganz unbedacht. Da knackt das Eis, und er sinkt wie ein Stein. Die Kälte ist so überwältigend, ihm ist, als würde er sofort gefrieren. Der Winterrock wird augenblicklich tonnenschwer. Er kann kaum schwimmen, und doch schafft er es, den Weg zurück nach oben zu finden. Doch er stößt von unten gegen Eis! Er schreit ins kalte Wasser, doch keiner kann ihn hören. Es ist Johann Christoffer, der ihn rettet. Ohne einen Augenblick zu zögern, springt auch er ins Wasser, packt des Bruders Arm und zieht den schweren Körper dorthin, wo das Loch im Eis ist. Als Friedrichs Kopf auftaucht, kreischen beide in schrillen Tönen, von denen sie nicht gewusst haben, dass sie sie in sich tragen. In diesem Augenblick bleibt Johann Christoffers

Kinderherz für immer stehen. Wieso hat Gott ihm das angetan, wieso, wieso hat Gott mir das angetan, wieso, so fragt Friedrich sich seitdem, seit unglaublichen 37 Jahren.

Dass vor ihm das Eis liegt, er aber in sich Johann Christoffer sieht und nie vergisst, erkennt Friedrich erst jetzt, als er das Bild vom Eismeer schon fast fertig gemalt hat. Nicht nur seine Hoffnung wird also vom Eis zerquetscht, nein, auch das Herz des Bruders, dem er sein eigenes Leben verdankt. Als er sich noch einmal der Augustusbrücke zuwendet und die verschlossenen Augen wieder öffnet sieht er: Das Kind lebt. Es steht schwach am Elbufer, triefend, dem Tod entronnen. Da beginnt Friedrich zu lachen, er lacht und lacht und vergibt seinem Gott.

*

Ein Leben lang liegt die Schwermut auf ihm wie Blei, ja, dass der Bruder gestorben ist, als er ihm das Leben gerettet hat, das trägt Caspar David wie eine lähmende Schuld mit sich herum. »Den 8.12.1787 ist des Lichtgießers Friedrichs Sohn, alt 12 Jahr, da er seinen ins Wasser gefallenen Bruder retten wollte, ertrunken«, so lapidar ist der Eintrag im Kirchenbuch von St. Nikolai zu Greifswald, so schwerwiegend der im Lebensbuch von Friedrich.

Es gibt immer wieder Phasen von schwerer Depression in seinem Leben, die Freunde nennen es »Melancholie«, in zwei alten Quellen ist auch von einem Selbstmordversuch die Rede, sein dicker Bartwuchs am Hals und an den

Wangen verdeckt angeblich eine entsprechende Narbe. Auch sein Freund Carus berichtet davon, und der weiß, wovon er spricht, nicht nur, weil er zeitweise Friedrichs engster Freund ist, sondern auch der Leibarzt des sächsischen Königs, und weil er den Begriff und die Bedeutung der »Psyche« in die deutsche Medizin eingebracht hat. Neben der Verantwortung für den Tod des geliebten Bruders quält Friedrichs kindliche Seele, dass er schon mit sechs Jahren seine Mutter verliert und kurz darauf seine Schwester Barbara und drei Jahre nach Christoffer auch seine Schwester Maria, das alles raubt ihm früh das Urvertrauen. Der stille, kränkliche Caspar David hat eine schwere, ja bleischwere Kindheit. Ganz langsam kämpft er sich ins Leben, der strenge, pietistische Vater hilft ihm wenig dabei. Aber Friedrich findet im Glauben seinen Halt und in der Natur. In den Jahren 1801 und 1802 aber müssen die Wellen der Schwermut den 27-Jährigen überrollt haben. Gerade erst in Dresden angekommen und angesiedelt, bricht er Hals über Kopf von dort wieder auf und geht für ein Jahr zurück in die alte Heimat. Nur in diesem Jahr finden sich zahlreiche Zeichnungen von Trauernden in seinem Skizzenbuch, wir sehen Menschen in Verzweiflung, die sich aneinanderschmiegen im Schmerz. Auf den frühen Tod von Johann Christoffer verweist am eindeutigsten eine Zeichnung vom 15. Januar 1801, aus der sein Bruder Christian dann einen Holzschnitt macht. Darauf liegt ein Junge, genau so alt wie Friedrich beim Ertrinken seines Bruders gewesen ist, an einem kleinen Grabhügel, auf dem ein Kreuz steht. Und darüber flattert ein kleiner Schmetterling als Zeichen der auferstandenen Seele.

Es ist sehr berührend gewesen, dass bei meinem ersten Besuch am ansonsten sehr wenig berührenden Grabstein Caspar David Friedrichs auf dem Dresdner Trinitatisfriedhof ein ebensolcher kleiner rosafarbener Plastikschmetterling auf der Grabplatte gelegen hat, das ist Trauer für Kenner.

*

Das »Eismeer« oder die »Gescheiterte Hoffnung«, wie das Bild wegen des zermahlenen und zerfetzten Bootes inmitten des Eises oft heißt, ist eines von Friedrichs kühnsten Bildern. Der Regisseur Peter Schamoni hat es geliebt, sein schöner Friedrich-Film *Grenzen der Zeit* von 1986 spielt die ganze Zeit in Schnee und Frost, und minutenlang lässt er die Eisschollen vor Friedrichs Atelier in der Elbe treiben und ineinanderkrachen. Die Zeitgenossen finden das Bild »Das Eismeer« schrecklich. Sie wollen winterliche Vergnügungen sehen, wenn es denn schon Schnee und Eis sein müssen. Und warum wirkt das Eis vorne so braun, als würde die Erde aufbrechen? Ist das nicht eine einzige Fieberphantasie? Bis zu seinem Tod will es niemand kaufen – und auch danach nicht. Nur einer, der französische Bildhauer David d'Angers, erkennt darin schon »die Tragödie der Landschaft«. Es braucht eine Weile, bis auch andere Menschen darin eine von Friedrichs furchtlosesten Schöpfungen sehen, es braucht ziemlich genau 100 Jahre. Als der Gründer des Bauhauses Walter Gropius im Jahre 1922 in Weimar ein Denkmal für die Opfer des Kapp-Putsches von 1920 entwerfen soll, da fährt er durchs kriegsverstörte und inflationsgeschüttelte Deutschland nach Hamburg in die Kunsthalle, wo Friedrichs »Eismeer« seit kurzem hängt. Er macht Zeichnungen danach – und dann entwirft er ein »Denkmal für die Märzgefallenen«, dessen aufragende Betonklippe genau den nach oben brechenden Eisschollen von Friedrichs Bild nachempfunden ist. Gropius liebt die Symbolik – das im Scheitern eben doch auch etwas sichtbar wird, das nach oben weist. Ja, er rühmt, dass es in der Kunst darum gehe, »Wunder in den Himmel zu türmen«. Was Friedrich in Öl auf Leinwand geschaffen hat, das setzt Gropius in der Bildhauerwerkstatt des Weimarer Bauhauses in Beton um, der in der Luft zu schweben scheint. Als die Nationalsozialisten an die Macht kommen, sprengen sie 1936 das Denkmal, weil sie darin den Geist der »Entarteten Kunst« am Werk sehen. Sie wissen nicht, dass sie damit eigentlich Caspar David Friedrich in die Luft sprengen – und dessen Hoffnung also ein weiteres Mal gescheitert ist.

*

Als Caspar David Friedrich am 26. Juni 1835 einen Schlaganfall erleidet und ausgerechnet seine rechte Seite – und also auch seine Malerhand – davon gelähmt ist, da empfehlen ihm seine aufmerksamen Ärzte eine »Badekur«. Sie spüren offenbar, dass dem verzweifelten Mann vom

Meer nur Wasser helfen kann. Und so reist er im September ins böhmische Teplitz und mietet ein Zimmer im Gasthaus zur Harfe, seine Familie kommt mit und führt ihn an der Hand, spricht ihm Mut zu, spielt Normalität. Und Friedrich macht tatsächlich das, was man »Anwendungen« nennt. Er hat nach Jahren bitterster Armut gerade einige Bilder an den russischen Zarenhof verkaufen können, darum nur kann er sich die Badekur überhaupt leisten. Langsam muss er in Teplitz wieder das Laufen lernen. Und er schreibt Ende September 1835 an seinen Neffen: »Ich bin jetzt ziemlich gut auf den Füßen und hoffe, dass die Nachwirkungen des Bades auch meine Hand wieder fähig machen werden zur Arbeit.«

Und tatsächlich, ganz langsam gewinnt er die Kontrolle über seine rechte Hand zurück. Die wenigen Zeichnungen, die er in den Bergen rund um Teplitz macht, sind noch von zittrigem Strich. Aber dann, im Herbst und Winter im Atelier in Dresden, kann er sogar wieder mit Ölfarbe malen. Und was malt er, der Wassersüchtige, nach seiner Badekur? Natürlich das Meer, den Strand von Rügen, den er zehn Jahre zuvor das letzte Mal gesehen hat. »Meeresufer bei Mondschein« heißt die riesige Leinwand, sie ist 134 mal 170 Zentimeter groß, sein zweitgrößtes Bild. Es ist ein düsteres, verstörendes Gemälde, der Mond bricht durch bedrohliche Wolken, es ist ein Abschiedsbild, als wisse sein Schöpfer, dass er sein geliebtes Meer niemals mehr wiedersehen wird.

*

Als der Philosoph Ernst Bloch, Autor des *Prinzips Hoffnung*, im Jahre 1975 im ZDF gefragt wird, wie er angesichts vom »Mönch am Meer«, dem »Meeresufer bei Mondschein« und dem »Eismeer« von Caspar David Friedrich optimistisch bleiben könne, sagt er: »Dass einer übrig geblieben ist, der das Bild malen kann, und einer, der es sehen kann, zeigt, dass nicht alles verloren war.«

# Kapitel III

# Erde

Nie wird er diesen Moment vergessen. Er hat in Sassnitz geschlafen, in der Scheune eines Fischers, hat morgens ein bisschen Brot gegessen und frische Milch getrunken, und dann ist er losgelaufen, den kleinen Pfad entlang, der direkt in den Wald im Norden des Dorfes führt. Als er unter die hohen Buchen tritt, legt sich die Stille um ihn wie ein Mantel. Er hört nur noch seine eigenen Schritte. Friedrich liebt die Buchenwälder, denn nur hier kann er die Jahreszeiten gleichzeitig erleben: Der ganze Waldboden ist bedeckt mit den eingerollten braunen Buchenblättern aus dem letzten Herbst, die noch nicht verrottet sind, am Wegesrand keimen seit dem Frühling die Bucheckern, und über ihm erzählen die vollbelaubten, dunkelgrünen Kronen von der Kraft des Sommers. So läuft er vielleicht 20 Minuten lang bergauf, andächtig und doch berstend vor Neugier. Rechts zwischen den hohen, blankgeputzten Stämmen leuchtet das gleißende Licht des Morgens über dem Meer. Kurz vor dem Ziel steigt er mit schnellen Schritten einen kleinen

Sandberg empor, hält sich an den freigelegten Wurzeln der Bäume fest. Mit jedem Meter kann er das Brausen der Wellen vom Strand lauter hören. Und dann sieht er sie zum ersten Mal: die weißen Kreidefelsen von Rügen. Er hat so viel von ihnen gehört. Aber alles verblasst angesichts dieses unerhörten Weiß, das ihm hier plötzlich ganz real von links und rechts entgegenleuchtet. Er muss kurz seine Augen schließen, so sehr blendet es ihn.

*

Wie die Welt wohl aussehen wird, wenn er seine Augen für immer schließt? Das fragt sich Caspar David Friedrich – und malt im Jahre 1804 tagelang und in aller Genauigkeit ein Blatt, das er allen Ernstes »Mein Begräbnis« nennt. Er malt in Sepia, der bräunlichen Tinte, die er mit feinstem Pinsel aufträgt, er hat in dieser Technik in den letzten Jahren eine große Meisterschaft errungen: Wenn er mit der Farbe ganz leicht Schicht um Schicht der sanften Brauntöne aufträgt, gelingen ihm Effekte, die die Betrachter in ihren Bann schlagen. Meist malt er die Himmel über Rügen in Sepia, nun aber legt er seine ganze technische Meisterschaft in das Vorhaben, seinen eigenen Tod zu imaginieren. Ja, Caspar David Friedrich ist eben wirklich kein harmloser Künstler. Hundert Jahre später wird James Ensor sich selbst als Christus am Kreuz malen, aber sich um 1800 das eigene Begräbnis in stundenlanger Arbeit haargenau vorzustellen, dazu gehört schon eine Seele mit sehr tiefen Abgründen. Will er seinen Hang zum Tode bewusst ausstellen? Will er von seinen Freunden in den Arm genommen werden? Oder will er nur das Thema Selbstbildnis konsequent zu Ende denken, also bis zum Sarg? Wir wissen es nicht. Wir wissen nur, dass Friedrich das Blatt 1804 in der Ausstellung der Dresdner Akademie zeigt, gemeinsam mit den Holzschnitten, die sein Bruder Christian nach Zeichnungen von ihm gefertigt hat. Auch die Titel der beiden Holzschnitte machen wahrlich keine gute Laune: »Frau mit Spinnennetz zwischen kahlen Bäumen« und »Frau mit Raben am Rande eines Abgrundes« heißen sie und ziehen einen bis heute hinein in einen verstörenden Strudel aus Schwermut und Aussichtslosigkeit. Aber »Mein Begräbnis« zu zeichnen, das ist dann natürlich noch einmal ein paar Stufen krasser. Das *Journal des Luxus und der Moden* schreibt verstört: »Der Leichenzug war auf dem Kirchhof angelangt, wo schon auf mehreren Grabhügeln Namen aus Friedrichs Familie standen. Für einen frischen Hügel war seine Leiche bestimmt. ›Hier ruht in Gott C.D. Friedrich‹, hatte ein liegendes Kreuz zur Inschrift.« Nach seiner eigenen Grablege lebt der Maler übrigens noch 37 Jahre lang. Das Blatt selbst aber hat nicht überlebt.

*

Vier Jahre später wird Friedrich erneut ein Kreuz errichten. Und auch diesmal ist er dabei scheinbar vom Erdboden verschluckt. Er lädt an den Weihnachtstagen des Jahres 1808 all seine Dresdner Kunstfreunde in sein Atelier ein, verdunkelt die Fenster, entzündet Fackeln – und lässt sie dann allein mit seinem neuesten Bild. Er selbst ist wohl nach Neubrandenburg gereist, denn zwei Tage vor Weihnachten ist seine Schwester Dorothea gestorben, die ihm ein Muttterersatz gewesen ist. So mag er den Altar in seinem Atelier auch für sie errichtet haben.

Wir wissen durch zahlreiche Berichte, wie es dort ausgesehen hat. Über den Tisch in der Mitte des Raumes hat er ein schwarzes Tuch gelegt, und darauf steht ein Bild in einem prachtvollen goldenen, geschnitzten Rahmen, das »Kreuz im Gebirge«. Er will, dass sein Atelier aussieht wie eine Kapelle, und sein Gemälde sieht in dem prachtvoll geschnitzten, vergoldeten und maßgeschneiderten Rahmen wirklich aus wie ein Altarbild.

Der Boden des Bilderrahmens zeigt eine große goldene Ähre und den Zweig eines Weinstocks, um von der Kraft der Erde zu erzählen. Dazwischen das Auge Gottes – und oben in den Wolken des Bildes ein göttliches Licht. In der Mitte ein kleiner Berg, tannenbestanden, darauf ein Kreuz mit Kruzifix, dem letzten Tageslicht entgegenblickend, um von der Stärke des Himmels zu zeugen. »Es werde Licht«, das sind für Friedrich die drei rätselhaftesten und wichtigsten Worte Gottes.

Das »Kreuz im Gebirge«, später »Tetschener Altar« genannt, ist eines von Friedrichs ersten Ölgemälden, und es ist eine unglaubliche Provokation für die konservativen Sachsen. Die halbe Dresdner Kunstwelt kommt in den Raum – und verstummt. »Es ergriff alle, die ins Zimmer traten«, schreibt Helene von Kügelgen, »als beträten sie einen Tempel. Die größten Schreihälse sprachen leise und ernsthaft wie in einer Kirche.« Und genau das ist das Problem: Friedrich hat einen Altar gemalt und auf seinem Bild die Natur zum heiligen Ort erklärt. Als der streng konservative Kammerherr von Ramdohr einen wütenden Text in der *Zeitung für die elegante Welt* veröffentlicht, bricht ein Skandal los, wie ihn die Dresdner Kunstwelt noch nicht gesehen hat. »Es ist«, so wettert von Ramdohr, »eine wahre Anmaßung, wenn die Landschaftsmalerei sich in die Kirchen schleichen und auf die Altäre kriechen will.« Woraufhin Ferdinand Hartmann und der Maler Gerhard von Kügelgen für Friedrich in die Bresche springen – und dann wieder Ramdohr retourniert. Ein wilder, intellektuell blitzender Streit um die Frage, wie sich Gott offenbaren darf und soll, was ein Maler darf und soll und was ein Betrachter darf und soll. Es füllt sich Zeitungsseite um Zeitungsseite – und in den zwei Jahrhunderten danach Buch um Buch.

Tatsächlich ist Friedrichs Bild zum Altargemälde bestimmt, und zwar für die Kapelle des Tetschner Schlosses, in das Franz Anton II., Graf von Thun-Hohenstein, nach der Hochzeit mit seiner Braut Theresia von Brühl ziehen will. Nachdem das Paar geheiratet hat und der wilde Streit um das Bild abgeklungen ist, wird es samt seinem aufwendigen Rahmen in einer riesigen Kiste ins Schloss gebracht. Der Graf macht sich nicht viel aus Kunst, aber seine Frau hat ihn so bekniet, dass er ihr eine Freude machen will. Aber was macht die Gräfin Thun mit dem »Kreuz im Gebirge«, dem vielleicht revolutionärsten christlichen Landschaftsbild der ganzen Romantik? Sie hat Friedrich versprochen, es würde in ihrer Hauskapelle aufgestellt. Doch in Wirklichkeit wandert es in ihr Schlafzimmer und thront neben ihrem Bett. Auch eine Form der Feier der Natur. Schon neun Monate später jedenfalls wird ihr erster Sohn geboren. Sie nennt ihn, kein Witz, Friedrich.

*

Der Teufel ist für den gottesgläubigen Friedrich klein und stämmig. Er kommt aus Korsika und spricht Französisch. Sein Name ist Napoleon. In ihm und in den Franzosen sieht er die Zerstörer seiner Heimat, die apokalyptischen Reiter, die seine deutsche Landschaft überrollen. Die französischen Besatzer sind es, die Friedrich zu einem leidenschaftlichen Patrioten machen. Als ihm sein Bruder Christian, der ihm von seinen Brüdern am nächsten ist, 1808 einen Brief aus Frankreich schreibt, sagt er ihm, dass er nie wieder einen Brief von ihm öffnen werde, der aus diesem Land komme. Dagegen entwirft er das Ideal eines vereinigten Deutschland, wiedergeboren aus uralten Quellen. Und mit den Jahren vermischt sich bei ihm das Christliche und das Germanische auf extreme Weise, ob nun Jesus von Nazareth oder Hermann der Cherusker, beide werden von Friedrich inbrünstig verehrt. Als Heinrich von Kleist in Dresden einen Ort sucht, in dem er Gleichgesinnten aus seiner blutrünstigen *Hermannsschlacht* vorlesen kann, da wählt er das Atelier von Friedrich, hier fühlt er sich verstanden und geschützt (zwei Jahre, 1807 bis 1809, leben die beiden ganz nah beieinander in der Pirnaischen Vorstadt), und Friedrich wird sein »Grab des Arminius« nach Zeilen aus der *Hermannsschlacht* malen.

Die Niederlage gegen Napoleon in Jena und Auerstedt 1806 wühlt Friedrich so auf, dass er danach für eine Woche im Bett liegen bleibt. Wenn er in seinen Bildern dann auf Auferstehung hofft, dann meint er damit Christus so sehr wie das Vaterland. Er malt die alten germanischen Hünengräber, das Grab von Arminius und wenig später, 1813, die »Gräber gefallener Freiheitskrieger«. Aus einem Grab ragt ein alter Stein empor, auf dem »HERMAN« steht, um an den Anführer der Cherusker zu erinnern, der in der legendären Varusschlacht die römischen Besatzer besiegt hat. Das stellt Friedrich neben die frischen Grabmale seiner Freunde, die gerade gefallen sind, sie alle werden bei Friedrich über die Jahrhunderte hinweg in einem Kampf der deutschen Germanen gegen die südländischen Besatzer vereint. Überall wachsen darüber in seinen Bildern die germanischen Eichen in ihrer Unzerstörbarkeit. Die deutsche Natur, so will Friedrich sagen, wird alle ausländischen Raubzüge überstehen. Alle seine Landschaften dieser Jahre sind patriotisch durchglüht, einmal lässt er sogar eine Schlange in den Farben der französischen Trikolore auf einem Felsen mit ihrer teuflischen Zunge spielen. Und immer wieder tragen die Figuren auf seinen Bildern die altdeutsche Tracht, jene Widerstandskleidung, die nach den Karlsbader Beschlüssen in Deutschland sogar verboten wird, die Friedrich aber aus Trotz weiterhin in seinen Bildern zeigt, auch bei den »Zwei Männern in Betrachtung des Mondes«. Ja, Friedrich ist ein Nationalist, ein Patriot, und er offenbart das auf seinen Leinwänden. Es ist genau das, was Goethe als »neudeutsch, religiös-patriotisch« verspottet. Aber Friedrich ist es ernst, bitterernst damit. Er versucht das Germanische, das Lutherische, das Nordische, das Mittelalterliche, das Bronzezeitliche gegen den französischen Antichristen zu verteidigen. Als 1813 die Befreiungskriege beginnen, da bebt Friedrich vor nationaler Aufwallung. Er ist selbst viel zu alt und viel zu schreckhaft für den Krieg, aber er leiht sich Geld und gibt seine letzten Groschen, 300 Taler insgesamt, um seinem Freund, dem Maler Georg Friedrich Kersting, ein Pferd und eine Uniform zu kaufen, damit dieser sich den Lützower Jägern anschließen kann.

Als die ersten 10000 französischen Soldaten dann im März 1813 tatsächlich Dresden besetzen, flüchtet Friedrich elbaufwärts. Er versteckt sich in dem winzigen Fischerdorf Krippen, und bezieht ein Zimmer im kleinen Landhaus seines Dresdner Freundes Friedrich Kummer. Die wenigen Häuser des Dorfes schlängeln sich das schmale Tal hinauf, die Hänge um sie herum sind hoch, und als Friedrich mit seinem Rucksack ankommt, da schafft es die Sonne kaum noch über den Berg, ab dem frühen Nachmittag liegt Krippen im Schatten. Ein Ort zum Verkriechen. Friedrich ist so verstört, dass er in den ersten Wochen nichts zeichnen kann, ängstlich wartet er auf Nachrichten aus dem Krieg. Er hört, dass sich nun sowohl die russische als auch die preußische Armee dem anderen Elbufer nähern, und er wird immer panischer. Er hört, dass die Franzosen die Augustusbrücke in Dresden gesprengt haben, jenen magischen Ort, auf den er aus seinem Atelier blicken konnte. Er hört, dass der preußische König und der russische Zar in Dresden sind –, und dass jetzt Napoleon eingezogen ist und seine Truppen bei Bautzen die Preußen und Russen schlagen. Um ihn herum herrscht das reinste Chaos. Und in ihm die reinste Angst.

Als Friedrich nach Wochen wieder anfängt zu arbeiten, geht er im Juni 1813 in die Berge und zeichnet Tannen. Er zeichnet Fichten. Stundenlang, als wolle er jede Nadel einzeln erfassen. Er sitzt weiter in dem winzigen Dörfchen Krippen fest und hofft, dass die Weltgeschichte an ihm vorüberzieht. Doch dann geschieht etwas Ungeheuerliches, als er am Morgen des 20. Juni durchs Dorf geht. Napoleon, der Antichrist persönlich, der »Feind alles Guten«, wie Friedrich ihn nennt, ist mit einem Boot und drei Offizieren die Elbe hinaufgefahren. Ausgerechnet in Krippen gehen sie an Land. Sie nutzen den Waffenstillstand, um Wege nach Böhmen zu erkunden. Caspar David Friedrich muss ihn gesehen haben, aus dem Fenster seiner Wohnung oder aus den waldigen Hügeln. Das Dörfchen ist in Schreckstarre. Friedrich zeichnet trotzdem, er weiß nicht, was er sonst tun soll, diesmal den Ast eines Baumes, akribisch, um nicht durchzudrehen. Aber es hilft nichts. Wie aus heiterem Himmel setzt er unter das Datum des 20. Juni auf diesem Blatt nur ein Wort:

»krank«. Wer genau krank ist, der Baum, die Zeit oder er, das bleibt offen, aber Friedrich kann dieses plötzliche Auftauchen Napoleons in seinem winzigen Rückzugsnest nur als Wahnwitz der Geschichte begreifen.

Er versucht erneut, sich in das Zeichnen von Tannen zu flüchten. Das ist für ihn wie eine Beruhigungsmassage. Manchmal ist es auch eine Fichte, manchmal ein Stein. Tag für Tag geht es so. Doch dann, am 20. Juli, vier Wochen nach dem schockartigen Zusammentreffen mit Napoleon, schreibt er neben eine Gruppe von fünf sorgfältig gezeichneten Tannen plötzlich ein politisches Bekenntnis: »Rüstet Euch heute zum neuen Kampf / Teutsche Männer, Heil Euren Waffen« (was für ein Glück, dass das erst nach 1945 entziffert wird, als die deutschen Männer endlich wissen, dass ihre Waffen nichts als Unheil bringen).

Friedrich aber zieht im November 1813, als die preußischen und russischen Truppen die Franzosen und Napoleon aus Dresden vertrieben haben, aus Krippen nach Dresden zurück. Er beginnt sofort zu malen, als er sein Atelier wieder bezogen hat. Seine neuen patriotischen Bilder beben nun vor Angst, vor Wut, vor Stolz, vor Trotz. Er malt einen französischen Soldaten im Walde, verloren stiefelt er durch die Tannen, er hat sich zu weit hinausgewagt ins Land der Deutschen. Friedrich dichtet: »Wir flehen zu Dir, o Herr, der Du uns befreit hast vom Joche der Franzosen! Lasse ferner nicht zu, dass wilde Horden verwüsten unsere Felder und Fluren.« Dann malt Friedrich die heimischen Fluren und Felder und die Gräber seiner christlich-germanischen Helden, die im Kampf gegen die Franzosen ihr Leben gelassen haben. Er hat sehr viel verloren in diesem Krieg, den Freund Theodor Körner und zahlreiche Illusionen. Außerdem hinterlässt der Krieg bei Friedrich einen finanziellen Totalschaden: Er bekommt in den Wirren der Zeiten die 300 Taler nicht zusammen, die er ausgegeben hat, damit sein Freund Kersting in den Krieg hat ziehen können. Noch ein Jahr später muss er seinem Bruder Heinrich einen Bettelbrief schicken: »Das Glück scheint mich ganz verlassen zu haben.«

*

Bald nach seinem Tod ist Friedrich komplett vom Erdboden verschwunden. Niemand kennt ihn mehr, Künstler wollen auf keinen Fall mit ihm in Zusammenhang gebracht werden, die Romantik ist sehr schnell muffig geworden. Friedrichs kurzzeitig hell aufflackernder Stern, der schon seit der Mitte der 1820er Jahre rapide gesunken ist, als die Düsseldorfer Malerschule ihren kometengleichen Aufstieg genommen hat, verlöscht mit seinem Tod im Jahre 1840 endgültig, schon die Nachrufe klingen, als sei da einer eigentlich schon immer aus seiner Zeit herausgefallen. Ja, die Goethezeit hat sich dem Urteil ihres Namensgebers früh angeschlossen, dass hier einer auf einen »Irrweg« geraten sei, dem man lieber nicht folgen sollte.

Als im Jahre 1861 ein neuer Katalog der Berliner Nationalgalerie erscheint, die ja immerhin einige von Friedrichs Hauptwerken besitzt, da muss man seinen Wohnort dazuschreiben, um ihn zu erklären, aber auch so reicht es nur für einen Satz über »andere Werke von Klein aus Nürnberg und Friedrich aus Dresden«. Das war's. Die für das deutsche Bildungsbürgertum entscheidenden und dickleibigen Kunstgeschichten von Adolf Rosenberg und Richard Muther aus dem späten 19. Jahrhundert erwähnen Friedrich mit keinem einzigen Wort. Niemand hat dieses Verschwinden so genau beschrieben wie Rainer Maria Rilke: »Die Geschichte ist das Verzeichnis der Zufrühgekommenen. Da wacht immer wieder einer in der Menge auf, der in ihr keine Ursache hat ... Rücksichtslos redet Zukünftiges durch ihn; und seine Zeit weiß nicht, wie sie ihn werten soll, und in diesem Zögern versäumt sie ihn. Er geht an ihrer Unentschlossenheit zugrunde. Er stirbt wie ein verlassener Feldherr oder wie ein voreiliger Frühlingstag, dessen Drängen die träge Erde nicht begreift. Aber Jahrhunderte später, wenn man seine Standbilder schon nicht mehr bekränzt und sein Grab vergessen ist und irgendwo grünt, – dann wacht er wieder auf und geht näher und als Zeitgenosse durch den Geist seiner Enkel.«

*

Und durch Rilke, vom Jahrgang tatsächlich ein Enkel der Generation Friedrichs, geht dann sein Geist. Er sieht, was die »träge Erde« nicht begriffen hat. Das Gemälde »Der einsame Baum« in der Nationalgalerie in Berlin, vor dem er immer und immer wieder staunend stehen muss, zuletzt am 4. Juli 1905, ergreift ihn so sehr, dass er im Geist dessen grüne Wiesen betritt und zu dichten begonnen haben könnte:

Wer du auch seist: am Abend tritt hinaus
aus deiner Stube, drin du alles weißt;
als letztes vor der Ferne liegt dein Haus:
wer du auch seist.
Mit deinen Augen, welche müde kaum
von der verbrauchten Schwelle sich befrein,
hebst du ganz langsam einen schwarzen Baum
und stellst ihn vor den Himmel: schlank, allein.
Und hast die Welt gemacht. Und sie ist groß
und wie ein Wort, das noch im Schweigen reift.
Und wie dein Wille ihren Sinn begreift,
lassen sie deine Augen zärtlich los ...

Schöner kann man es kaum sagen. Und auch nicht genauer: Immer wieder versucht jede Zeit, den Sinn von Friedrichs Bildern zu begreifen, auch wir – und dann müssen ihn die Augen doch irgendwann »zärtlich« loslassen, denn erst dann, wenn der Wille zum Begreifen besiegt ist, erst dann hat man überhaupt eine Chance, Friedrich wirklich zu verstehen.

*

Aber nach den verständnisvollen Enkeln kommen die Urenkel, die Nationalsozialisten. Und die versuchen dann in den 1930er Jahren mit ihrem »Willen« den Friedrich'schen

»Sinn« auf ganz neue Weise zu begreifen – allerdings ohne ihre Augen dabei je wirklich zu öffnen. Schon in ihrer Studienzeit in Berlin hat Leni Riefenstahl die Gemälde von Caspar David Friedrich angehimmelt, und vor allem ein Bild hat es ihr angetan, der »Morgen im Riesengebirge«, der seit 1930 im Berliner Stadtschloss zu sehen ist. Das ist ein Bild ganz nach ihrem Geschmack. Es zeigt die unendliche Schönheit und Weite der Gipfel – und in der Mitte, da steht eine blonde Frauenfigur in weißem Gewand, die sich am Bergkreuz festhält und einen schwachen Mann zu sich emporzieht.

Als Riefenstahl 1932 in dem Film *Das blaue Licht* die Hauptrolle spielt und auch am Drehbuch mitschreibt, da macht sie eine blonde Frau zur Heldin, das Bergmädchen Junta, die die Männer reihenweise den Berg emporzieht – sie scheint das Geheimnis des blauen Lichts zu kennen. Wenn man sie im Gebirge herumlaufen sieht, dann immer wieder in Kameraeinstellungen, die sie vor der Unendlichkeit der Berge zur schwarzen Rückenfigur machen, genauso wie es Friedrich vorgemacht hat.

Und wer folgt Riefenstahl in diesem Film am entschiedensten in die Berge? Natürlich ein Maler. Sie beide ringen um das Geheimnis des blauen Lichts, ein seltsamer Film, zwischen romantischer Nostalgie und wilder Verzerrung. Aber vor allem der Film, in dem Riefenstahl ihre Inspiration durch ein Gemälde Friedrichs so deutlich wie nie mehr später hervorblitzen lässt.

*

Vielleicht kann Riefenstahl diese Frau auf dem Gipfel dem Friedrich-Gemälde auch deshalb entreißen und zur Filmfigur machen, weil sie gar nicht von Friedrich gemalt worden ist? Schon die Zeitgenossen berichten, dass Georg Friedrich Kersting nach der gemeinsamen Reise durchs Riesengebirge im Jahre 1810 seinem Freund Friedrich, dessen Ungeschicklichkeit im Malen von Menschen bekannt gewesen ist, diese starke Frau und diesen schwachen Mann in sein Gemälde hineingemalt hat. Weil die Zeitgenossen sich das gar nicht haben vorstellen können, dass da tatsächlich eine Frau vorangegangen ist und offenbar den Mann emporheben muss, ist die Vermutung aufgekommen, diese Dame müsse ein Engel sein.

*

Als die preußische Prinzessin Marianne das Gemälde in der Sammlung ihres Schwagers, des Königs Friedrich Wilhelm III., sieht, erkennt sie sich selbst in der Dame auf dem Gipfel, die sich ans Kreuz klammert und ihren schwermütigen und schwerfälligen Mann nach oben ziehen muss. Als sie mit ihm das Schloss Fischbach im Riesengebirge gekauft und tagtäglich die von Friedrich gemalten Gipfel vor Augen hat, da zieht sie 1830 hinauf auf den schönsten von ihnen in den Falkenbergen. Genau nach der Vorlage des Gemäldes lässt sie dort ein Bergkreuz errichten – und seitdem trägt die ganze Erhebung den Namen »Kreuzberg«. So liefert Friedrichs Bild die Regieanweisung für die Dekorierung seiner geliebten

Landschaft – und zwar einer Prinzessin, die sich von ihm verstanden fühlt.

*

Es ist ein großer Irrtum, Friedrich für einen Künstler zu halten, der naturgetreu deutsche Landschaften gemalt hat. Ja, er hat Hunderte von naturgetreuen Zeichnungen gemacht, er hat jede Spalte in einem Stein erfasst, jedes Blatt an einem Baum und jede Biegung in einem Schilf. Aber diesen riesigen Schatz an Abbildern der Wirklichkeit hat er dann in seinen Skizzenbüchern verwahrt, um sich manchmal Tage, manchmal Monate, manchmal Jahre, manchmal aber auch Jahrzehnte später daraus zu bedienen. Es ist für ihn dabei ganz offensichtlich vollkommen zweitrangig, dass ein bestimmter Baum oder Fels vom Schöpfer an einen bestimmten Ort gesetzt worden ist – in seinen Gemälden baut er abstrakte Collagen aus naturgetreuen Vorlagen. Auch wenn wir es uns gerne wünschen, dass Friedrich immer genau diesen Berg im Elbsandsteingebirge gemalt hat und genau diesen Kreidefelsen und genau diesen Ausblick auf Dresden, er hat es nicht. Nein, es ist viel komplizierter. Wir können nirgendwo in der Natur eine Gedenktafel aufstellen, die ganz genau auf ein bestimmtes Bild von Friedrich verweist. Zwar zeichnet Friedrich die Segelboote an der Ostsee mit feinstem Stift, ganz genau und Seil für Seil, Segel für Segel, und er kann stundenlang vor den Tannenbäumen im Riesengebirge am Boden sitzen, bis man das Gefühl hat, er hat jede Nadel einzeln erfasst. Aber wo dieser Nadelbaum dann später einmal auftauchen wird, im Riesengebirge oder eben ganz woanders, das weiß man nicht. Der feinmalerischste Künstler der deutschen Romantik ist also eigentlich ein Konzeptkünstler, auf jeden Fall kein Naturalist. Er bedient sich für die Darstellung seiner inneren Visionen aus den verschiedensten Schubladen seiner Erinnerung. Wenn er am Horizont eine Hafenstadt aus dem Nebel auftauchen lässt, dann sieht man darauf die Türme von Stralsund, Türme aus Greifswald und manchmal auch noch einen aus Neubrandenburg. Die berühmte Ruine von Eldena bei Greifswald kann bei ihm auch einmal im Riesengebirge stehen oder in den Alpen. Es geht ihm in seiner Malerei immer um »Landschaft«, um »Wald«, um »Hafen«, um »Gebirge«, alles in Anführungsstrichen – also nie um einen konkreten Ort. Auch wenn wir und die jeweiligen Fremdenverkehrsverbände es gerne so hätten. Aber nie passt es alles so richtig zusammen bei ihm.

Sehr schön zeigen das die jahrzehntelangen Versuche, die dargestellte Landschaft auf einem Bild der Hamburger Kunsthalle zu lokalisieren. Das ist umso schwerer, als es fast eine abstrakte Landschaft ist, ein hellgrüner Streifen vorne, zwei graue Bergketten dahinter und der bewölkte Himmel darüber. Das Bild heißt heute »Berglandschaft in Böhmen«, 1904 hat man es Friedrichs Familie abgekauft. Und zwar als »Harzlandschaft«. Aber Friedrichs Entdecker Aubert schreibt: »besonders hervorragend war eine kleine Sommerlandschaft, ohne

Zweifel aus Böhmen, mit einer bleichen blaugrauen Gebirgskette über hellgrünen Matten«. Es soll, so schreibt ein Forscher genauer, den Blick von Warmbrunn auf die Vorhöhen des Riesengebirges zeigen. Ein anderer weiß, dass es genau jener Situation in der Harzer Hochebene entspricht, wenn man bei Tanne auf das Brockenmassiv sieht. Der Kunsthistoriker Karl-Ludwig Hoch wiederum erkennt in der Erhebung eindeutig den nordböhmischen Basaltberg Kleis bei Haida. Halten wir uns an jenen klugen Rezensenten, der 1832, als die Landschaft das erste Mal ausgestellt worden ist, feststellt: »Was aus dem Bild heraustritt, ist die Abstraktion des Künstlers selbst.« Oder, ein wenig unfreundlicher: »Drei Farben und zwei Linien, ist das denn eine Landschaft?«

Wir sollten die Landschaften von Friedrich also nicht als eine Abbildung der Wirklichkeit missverstehen. Sondern als deren Auflösung. Das hat als Erster Richard Hamann erkannt, ein Kunsthistoriker, der über diese Landschaft geschrieben hat: »Ein intensiver Akkord von sattem Grün der Wiese und tiefem Lila mit einem zu diesen schweren Farben kontrastierenden köstlich leicht und locker gefärbten Wolkenhimmel löst allen Raum und alle Form in Farbe auf.«

Und wie ist es mit dem »Einsamen Baum«, der Rilke so becirct hat, dass er in seinem Gedicht das Bild betritt? Die Eiche in der Bildmitte verschränkt auf wundersame Weise die Erde mit dem Himmel, das Irdische mit dem Transzendenten. Aber wo mag das Irdische wohl gewesen sein? Das Bild wird 1822 für den Berliner Bankier

Joachim Heinrich Wilhelm Wagener gemalt. 1823, bei seiner ersten Ausstellung, trägt es den Titel »Der Morgen, eine Zusammenstellung« – und dieses Wort »Zusammenstellung« scheint so lapidar wie treffend die Friedrich'sche Landschaftsmalerei zu beschreiben. Er stellt zusammen, was zusammenpasst. Aber in der Wagener-Sammlung heißt das Bild 1828 »Eine grüne Ebene« und im Jahre 1856 irritierenderweise »Dorflandschaft bei Morgenbeleuchtung«, obwohl man das Dorf kaum sieht und auch kein Leuchten. Mit dem abnehmenden Jahrhundert wachsen offenbar auch die Zweifel am Morgen. Denn schon 1876 trägt das Bild im Sammlungskatalog der Nationalgalerie, der es mittlerweile gehört, den schönen Titel »Spätabendlicht bei bedecktem Himmel«, 1878 wird es leider zur lapidaren »Harzlandschaft« und 1906 dann, in der Jahrhundertausstellung, ist es eine »Landschaft bei untergehender Sonne« geworden. »Einsamer Baum« wird es irgendwann einmal von dem Bildhauer Ludwig Thormaehlen genannt. Da haben wir den Salat. Weder wissen wir, ob es Abend ist oder Morgen, noch ob es der Harz sein könnte oder die Sächsische Schweiz. Die Zeichnungen für die Bäume auf dem Bild stammen aus Neubrandenburg und aus dem Riesengebirge. Wir müssen uns also geschlagen geben. Caspar David Friedrich atmet Natur ein, um sie als Kunst wieder auszuatmen.

*

Ein paarmal hat Friedrich Mutterboden gemalt, pure Erde. Es sind oft die frisch gepflügten Äcker rund um Dresden, dahinter tauchen die Kirchtürme der Stadt auf, aber eigentlich geht es ihm um die Erde. Und dann gibt es das Bild »Sturzacker«: Wir sehen eigentlich nur das dunkle, satte Braun eines bestellten Feldes vor uns. Darüber der Himmel in einem leuchtenden Violett, wie es die deutsche Kunst nie zuvor gesehen hat. Man spürt dieser gemalten Erde die Jahrzehnte an, in denen Friedrich über sie gewandert und ihre Brocken in seinen Händen gehalten hat. Denn er weiß, dass auch jeder braune Acker schon die Kraft der Zukunft in sich trägt: »Das Samenkorn muss eine Weile in der Erde liegen, wenn man sich von der Erde was versprechen will.«

*

Als der Kunsthistoriker Carl von Lorck im Jahre 1941 im Auftrag der Wehrmacht die Herrenhäuser in Mecklenburg inspiziert, um zu sehen, wo Platz für Kriegsflüchtlinge sein könnte, kommt er auch ins weitläufige Schloss Basedow am Malchiner See. Er betritt den Speisesaal und traut seinen Augen nicht: Im Dämmerlicht der holzvertäfelten Halle entdeckt er fünf kleine, von Rauch verschmutzte Gemälde, die er sofort als Bilder von Caspar David Friedrich identifiziert. Stolz präsentiert er kurz darauf, nach einer Reinigung der Leinwände, in einer Fachzeitschrift die bis dato unbekannten Bilder »Felsenriff am Meeresstrand«, »Fischer am Ostseestrand«, »Sonnenblick im Riesengebirge«, »Einsames Haus im Kiefernwald« und »Hochgebirgsgipfel mit treibenden Wolken« einer ungläubigen Öffentlichkeit. Es sind fünf stille, poetische Landschaften, durch die ein wehmütiges Lied weht. Das »Felsenriff am Meeresstrand«, heute im Museum in Karlsruhe, ist für mich mit seinem magischen Mondlicht eines der dichtesten und schönsten Friedrich-Gemälde überhaupt.

Alle fünf Bilder hat die schwärmerische Ida Gräfin von Hahn-Hahn zwischen 1826 und 1829 von Friedrich gekauft. Sie hat 1826 den Schlossherrn von Basedow, Friedrich Graf von Hahn, heiraten müssen, einen besessenen Pferdezüchter und Schwerenöter. Er ist ihr Cousin, und so kommt es zum doppelten Hahn in ihrem Namen. Als sie 1829 schwanger wird, lässt er sich von ihr scheiden, er interessiert sich mehr für die Zucht seiner Vollblüter. Die Friedrich-Gemälde hat sie sich offenbar zwischendurch immer mal zum Trost kaufen dürfen, aber mitnehmen darf sie sie nicht. Ida Hahn-Hahn verlässt nach der abrupten Scheidung das Schloss Basedow, wird erst Schriftstellerin, dann katholisch und gründet schließlich ein Kloster in Mainz. Ihre Friedrichs hängen dann über hundert Jahre lang vergessen im Speisesaal, der Hausherr und seine Nachfahren sind meist draußen bei den Pferden. Im Jahr der Entdeckung der Gemälde verlischt das Adelsgeschlecht von Hahn-Basedow, der letzte Spross, Friedrich Franz Graf von Hahn, fällt 1941 in Taganrog an der russischen Front.

Als die Sowjets das Schloss dann 1945 plündern, verbrennen sie alle verbliebenen Bilder und Möbel, vier der

Friedrichs werden entweder sofort nach der Entdeckung verkauft oder in Westdeutschland bei anderen von Hahns in Sicherheit gebracht. Eines von ihnen, die »Fischer am Ostseestrand«, versteckte sich lange im Dunkel der Geschichte und tauchte erst 1994 bei einer Londoner Auktion auf. Der Speisesaal, in dem sie einst gehangen haben und den noch früher einmal der große Philipp Otto Runge hat ausmalen sollen, ist heute gähnend leer. Schloss Basedow ist stattdessen berühmt für sein Steakhouse.

*

Friedrich kann es einfach nicht lassen. Er will, dass Goethe ihn liebt. Und so wandert er auf dem Rückweg vom Harz im Juli des Jahres 1811 in Weimar vorbei. Klopft beim Frauenplan an der Pforte, nur um zu erfahren, dass der Dichterfürst nach Jena gereist sei. Woraufhin Friedrich beschließt, ihm dorthin nachzureisen. Dort vermittelt Friedrichs Freund, der auf den in diesem Zusammenhang lustigen Nachnamen Koethe hört, ein Treffen mit Goethe, sie reisen ihm dann auch noch zu einer Geburtstagsfeier von Johanna Schopenhauer hinterher. Immer noch merkt Friedrich nicht, dass er mit seinen Bildern nicht mehr bei dem Dichterfürsten landen kann. Und so bittet er seinen Freund Kügelgen, gleich neun seiner Gemälde nach Weimar zur Herbstausstellung zu schicken. Es sind Gebirgslandschaften, Gebirgskapellen, Winterlandschaften und zwei Hafenbilder. Kügelgen ahnt, dass er schwere Kost nach Weimar sendet, und so schreibt er einen warnenden Beipackzettel an Goethes rechte Hand in Sachen Kunst, Johann Heinrich Meyer: »Da Friedrich sich nun schon sehr darauf gefreuet hatte, von seinen größeren Bildern den Weimaranern etwas zu zeigen, so wollte ich ihm doch gerne diese Freude gewehret wissen.« Er hoffe, schreibt von Kügelgen, dass die Antwort aus Weimar schonend sei und nicht nur das Mangelhafte, sondern auch das Gute erwähne. Es scheint, als habe Kügelgen schon längst gewusst, dass Goethe direkt nach dem Treffen in Jena gesagt hat, dass Friedrich »auf irrem Weg« geht. Solches Verirren spricht sich herum. Ganz offenbar hat sich auch das Herzogspaar diesem Urteil angeschlossen – niemand in Weimar will mehr einen Friedrich kaufen, alle neun Gemälde gehen im Frühjahr 1812 als unverlangt eingesandt nach Dresden zurück. In seinem Artikel für das *Journal des Luxus und der Moden* hat Johann Heinrich Meyer im Sinne seines Herrn und Meisters die Gemälde von Friedrich zuvor stark gerügt: »Nicht alles, was in der Natur erscheint, ist auch geeignet oder wert, nachgebildet zu werden. An das Kunstwerk geschieht mit Recht die Forderung, dass es Gefallen errege.«

Aber Caspar David Friedrich hat immer noch nicht verstanden. Wie ein sturer Bock sendet er im Herbst 1812 noch einmal neun Werke nach Weimar, diesmal Zeichnungen in Sepia. Und darunter tatsächlich auch das todessüchtige Blatt »Mein Begräbnis«, eine Arbeit, die Goethe nur hassenswert finden kann. Und Meyer meldet bereits am 11. Juni 1812 an Goethe, dass auch dem Herzogspaar »die Lust vergangen zu sein scheint«. Und so werde er dem »darbenden Friedrich« nun erneut kein Geld, sondern nur seine eigenen Kunstwerke zusenden. In nur elf Monaten ist es Friedrich gelungen, in Weimar jeden Kredit zu verspielen.

*

Es gibt im Weimarer Schlossmuseum ein ganz seltsames Bild. Es ist von Caspar David Friedrich, aber man sieht darauf nur die Berggipfel, es ist wohl einmal eine Riesengebirgslandschaft gewesen, aber ganz offensichtlich fehlen unten mindestens zwei Drittel des Bildes. Es ist zwar 167 Zentimeter lang, aber nur noch 48 Zentimeter hoch. Offiziell heißt das Bild nun »Bergkette mit Mond«. Wo können die unteren Teile des Gemäldes geblieben sein? Ich habe einen leisen Verdacht. Im Jahre 1815 besuchen die Gebrüder Boisserée Goethe in Weimar, und da sprechen sie auch über Caspar David Friedrich. Und der Dichter verrät ihnen seinen ganzen Zorn über diesen Maler, der einfach nicht aufhören kann, melancholische Bilder zu malen. Sulpitz Boisserée beschreibt in seinem Tagebuch Goethes Wutausbruch: »Die Bilder von Maler Friedrich können ebensogut auf dem Kopf gesehen werden, Goethes Wut gegen dergleichen; wie er sich ehemals ausgelassen mit Zerschlagen der Bilder an der Tischdecke ... Zerschießen etc.« Ja, das steht da wirklich. Schauen wir uns nun diesen seltsamen Bergstreifen Friedrichs im Weimarer Museum an, dann dürfen wir uns eigentlich nur aussuchen, ob die unteren Teile an einem Tisch zerschlagen oder direkt zerschossen worden sind. Man müsste das Bild einmal auf Fingerabdrücke untersuchen. Es wäre interessant, ob Goethe in einem Gerichtsprozess antworten würde, er habe aus Notwehr gehandelt, weil Friedrich in seiner Gefallsucht sonst nie aufgehört hätte, ihm weitere Bilder nach Weimar zu schicken.

*

Jede Zeit sucht und findet Caspar David Friedrich auf ihre eigene Weise. Und verrückterweise findet jede Zeit nicht nur einen Grund, ihn zu hassen oder zu lieben, sondern mindestens zwei. Als im Jahre 1974 zwei riesige Ausstellungen in Dresden und Hamburg den 200. Geburtstag des Malers feiern und Hunderttausende Besucherinnen und Besucher zu seinen Bildern pilgern, da erscheint von den prominentesten Kunsthistorikern der 68er-Bewegung ein kleines Buch mit dem Titel *Bürgerliche Revolution und Romantik*. Voller Irritation und in ihrer typisch verquasten Sprache stellen sie fest: »Ist in der BRD im Sinne einer negativen Utopie Friedrichs religiös überhöhte Landschaft als eine vorindustrielle identisch mit der Wunschlandschaft der Industriegesellschaft? Wird dagegen in der DDR Friedrichs Kunst als Antizipation einer sozialistischen Kunst begriffen, die Wirklichkeit, so wie sie ist, als Ort des Glücks vorgestellt?« Ja, jede Zeit und jedes System kann versuchen, sich Friedrich so zurechtzubiegen, wie es ihr passt. Seiner Kunst ist das völlig egal. Sie wird auch unsere Liebe zu ihr unbeschadet überstehen. Und sie will, wie Friedrichs Zeitgenosse Hebbel das so schön gesagt hat, brutto geliebt werden – und nicht netto.

*

Am 8. Januar 1937 betritt ein gediegener Herr mit Hut die Nationalgalerie in Berlin und wünscht Herrn Direktor Eberhard Hanfstaengl zu sprechen. Im Besucherbuch wird vermeldet: »Martin Brunn, hier, bietet ein Gemälde ›Der Watzmann‹ zum Kauf an (Unbekannter Meister)«. Auf der eingeklebten Visitenkarte ist die Adresse Pariser Straße 27 durchgestrichen und mit Tinte durch »Darmstädter Straße 10« ersetzt, der Besitzer, Betreiber einer Handelsgesellschaft für Edelmetalle, ist gerade zu einem Umzug in eine weniger feine Berliner Gegend gezwungen gewesen. Als er Eberhard Hanfstaengl ein Foto seines »Unbekannten Meisters« zeigt, ahnt der sofort, was er da vor sich hat, ja, der Schöpfer ist dem Direktor wohlbekannt. Das riesige Bild ist das größte, das Caspar David Friedrich je gemalt hat, es ist seit Jahrzehnten verschollen. Er sagt Brunn, dass er das Bild sofort kaufen wolle – und dass es ein Gemälde von Friedrich ist. Mit 25000 Reichsmark bietet er einen angemessenen Preis, und schon 24 Stunden später fährt die Spedition Haberling bei Brunn vor und holt das Gemälde in die Nationalgalerie.

Tags darauf tritt die Ankaufskommission zusammen und bewilligt den Ankauf – aber es sind nur noch 15000

Reichsmark übrig. Woher die fehlenden 10000 Reichsmark nehmen? Da Hanfstaengl den Kunstgeschmack des Reichskanzlers kennt, also seinen Hang zur gebirgigen Romantik, sendet er einen Bittbrief an den Chef von dessen Büro, Otto Meissner, und legt ein Foto des »Watzmanns« bei. Und schon ein paar Tage später, am 19. März 1937, wird in der Nationalgalerie die Ankaufsakte des Bildes um einen entscheidenden Satz ergänzt: »Vom Führer sind 10000 Reichsmark Zuschuss eingegangen.« Und damit es alle mitbekommen, lässt Adolf Hitler dies auch in der *Frankfurter Zeitung* vom 9. Mai verkünden: »Und soeben hat der Direktor der Berliner Nationalgalerie eine Ansicht des Watzmann aus der Verborgenheit alten Privatbesitzes gezogen, für deren Erwerb der Führer und Reichskanzler einen namhaften Beitrag gestiftet hat.«

Das ist ein in jeder Hinsicht bemerkenswerter Vorgang. Denn es ist bis heute der einzige wirklich dokumentierte Bezug zwischen Caspar David Friedrich und Adolf Hitler. All die geraubten Bilder für das geplante Führermuseum in Linz enthalten zwar die deutsche Romantik in all ihren Spielarten, aber keinen Friedrich. In keiner seiner Reden erwähnt Hitler ihn. Nur von Goebbels gibt es wiederholte Aussagen, dass unserem Friedrich die besondere Liebe seines »Chefs«, wie Goebbels ihn immer nennt, gelte. Aber im Grunde geht es Hitler mit den Gemälden von Friedrich wie Goethe: Sie sind ihm zu schwermütig, zu bedeutungsoffen, man ist sich nie ganz klar, ob sie die deutsche Seele eigentlich wirklich erheben – oder nicht doch eher ein bisschen runterziehen. Aber bei diesem

»Watzmann« ist alles anders. Er steht so stolz und männlich und strahlend in der Welt, er leuchtet in seiner ganzen Pracht, das Bild kann man leicht missverstehen als eine Feier jenes erhabenen Bergerlebnisses, das Hitler an den Filmen von Leni Riefenstahl so liebt.

Wahrscheinlich noch entscheidender: Friedrich hat den Watzmann ausgerechnet aus jener Perspektive gemalt, aus der Hitler auf den Berg blickt, wenn er auf der Terrasse seines Berghofes bei Berchtesgaden sitzt, der ein Jahr zuvor zu seinem Hauptwohnsitz geworden ist. Wenn er ihm so entgegenkommend auf dem Silbertablett serviert wird, hat dann also auch Hitler nichts gegen Friedrich und gibt gern ein wenig Geld für den Ankauf dazu. Alles passt also. Und nichts. Denn Friedrich macht in seinem Bild die majestätische Schönheit der Natur zu einer Feier ihres Schöpfers und zu einem Bekenntnis zur Demut des die Natur verehrenden Menschen – Hitler jedoch versteht das gleiche Gemälde als heroisches Bühnenbild für seine Träume eines germanisch-alpinen Größenwahns.

Wie hat es der Ideenhistoriker Isaiah Berlin formuliert? Es gehört zu den schmerzhaften Erkenntnissen, dass geistige Güter von den nachfolgenden Zeiten in ihr absolutes Gegenteil verkehrt werden können.

Wirklich beklemmend aber wird die Geschichte, wenn wir noch einmal auf jenen Herrn mit Hut blicken, der das Bild der Nationalgalerie 1937 verkauft hat. Martin Brunn nämlich ist Jude, und der »Watzmann« Friedrichs hat über viele Jahre in jenem Raum in seiner Wohnung gehangen, der für die geheimen Treffen seiner jüdischen Gemeinde in Wilmersdorf genutzt worden ist. Nun braucht Brunn Geld für die Emigration seiner Familie. Natürlich hat Hanfstaengl das dem Führer verschwiegen. Ja, Hanfstaengl hat dem jüdischen Besitzer nicht nur einen fairen Preis zu bezahlen versucht, obwohl der gar nicht gewusst hat, welchen Schatz er bei sich in der Wohnung gehabt hat, sondern er hat im selben Jahr, als der »Watzmann« in der Nationalgalerie aufgehängt wird, auch protestiert, dass die Expressionisten als »Entartete Kunst« abgehängt werden. So wird er schon am 26. Juli, also ein halbes Jahr nach dem Ankauf, entlassen – vielleicht auch, weil inzwischen ruchbar geworden ist, dass für den »Watzmann«, mit dem Friedrich nun als größter Meister der »nordischen Rasse« gefeiert wird, Hitlers Geld an einen Juden gegangen ist. Sobald der jüdische Glaube des Besitzers bekannt wird, sperrt der Staat das Geld der Familie Brunn, unter anderem und perfiderweise als sogenannte »Judenvermögensabgabe«. Aber womöglich können mit Teilen des Verkaufserlöses die Kinder der Brunns 1938 doch nach England emigrieren, und 1941 gelingt es sogar den Eltern.

Glaube kann Berge versetzen. Und Caspar David Friedrichs Glaube ist einer von besonderer Kraft. Aber dennoch: Dafür, dass der »Watzmann« im Jahre 1824 für einige Monate in seinem frisch bezogenen Atelier An der Elbe 33, dem heutigen Terrassenufer, in die Höhe emporwachsen kann, braucht selbst Friedrich Schützenhilfe. Denn Friedrich ist nie am Watzmann gewesen. Nein, er hat die Alpen überhaupt nie gesehen, er ist nur im Elbsandsteingebirge, im Harz, im Riesengebirge unterwegs gewesen. Im Wesentlichen hält er sich im Gebiet der späteren DDR auf. Greifswald, Neubrandenburg, Rügen, Dresden. Dafür gibt es dann auch 1974 als Belohnung Sonderbriefmarken der DDR.

Aber wie ist der Watzmann nun in Friedrichs Dresdner Atelier gekommen? So, wie auch schon all die anderen Berge aus den Alpen zu ihm gekommen sind: durch Bilder und Vorlagen von Freunden. Und so, wie er Gletscher nach Zeichnungen von Carl Gustav Carus malt, so malt er den »Watzmann« nach einem Aquarell seines Lieblingsschülers August Heinrich. Der ist 1820 aus Friedrichs Atelier nach Italien aufgebrochen, um dort seine Sehnsucht nach dem Licht zu stillen. Doch seine Lungenkrankheit lässt ihn nur bis zu den Alpen kommen, in Innsbruck stirbt er verarmt und siechend, ein Frühvollendeter, vielleicht ein Genie, seine Aquarelle und Zeichnungen aus den Alpen gehören zu dem Kühnsten, was in der Romantik in Europa entstanden ist. Um den 15. August 1821 schreibt er in sein Tagebuch: »Watzmann mit Berchtesgaden 2mal aufgezeichnet. Sehr viel kommt auf die Einheit des Charakters und der Stimmung, die in einem Bilde herrschen soll, an«.

Und als Caspar David Friedrich nach dem Tode Heinrichs die Aquarelle vom Watzmann sieht, versucht er, genau diese Einheit des Charakters und der Stimmung herzustellen. Er nimmt die Blätter als Vorlage für sein monumentales Watzmann-Gemälde, das also auch ein Gedächtnisbild für seinen frühverstorbenen Schüler ist.

Und Friedrich wäre nicht Friedrich, wenn er auf seiner Leinwand ganz in den Alpen bliebe – nein, unter dem massiven Gipfel im gleißenden Licht finden wir zwar, wie bei Heinrich, die in melancholisches Dunkel getauchten, leuchtenden Bergrücken von Archenkopf und Grünstein, aber eben überraschenderweise auch einen weiteren seltsamen Berg. Es ist der Trudenstein im Harz, den Friedrich 14 Jahre zuvor gezeichnet hat, am 28. Juni 1811, und nun kurzerhand 571 Kilometer nach Süden verlegt, weil ihm gerade vor dem Watzmann ein halbhohes markantes Berglein fehlt. (Fünf Jahre vorher hat er den Trudenstein schon einmal verpflanzt, diesmal Richtung Osten, und so ragt er auch aus Friedrichs »Riesengebirgslandschaft mit aufsteigendem Nebel« empor.)

So ein unsicherer Kantonist ist also unser Friedrich: Er malt den Watzmann fotografisch genau, obwohl er nie da gewesen ist, und er setzt, weil es für ihn passt, eine Gesteinsformation aus dem Harz davor – das halten wir dann für besonders realistische Landschaftsmalerei. Und das Geld für das Bild aus einem jüdischen Gemeindesaal in Berlin kommt von Hitler, weil es ihn an seinen Blick von der Terrasse auf dem Berghof erinnert. Einfacher wird es nicht, wenn man sich auf Friedrich und die Geschichte seiner Bilder einlässt.

*

Kurze Verschnaufpause. Vor dem Haus An der Elbe 33 haben die Friedrichs einen kleinen windgeschützten Garten angelegt, direkt gen Süden, so lässt die stete Sonne sogar einen Feigenbaum aus sächsischer Erde wachsen, der im Sommer 1822 zwei Früchte trägt, wie Friedrich stolz an seine Frau Caroline meldet. Und weiter: »Die Zwiebel ist über ein Ell hoch und trägt jetzt Samen. Das Basilikum blüht.« So weit also *Mein schöner Garten* vom 27. Juli 1822.

*

Bisschen unheimlich: Schon im Ersten Weltkrieg wird Caspar David Friedrich als Verteidiger Deutschlands gefeiert. Im Kriegsjahr 1915 wird der erste Teil der bahnbrechenden Forschungen des Norwegers Andreas Aubert über Friedrich veröffentlicht – und zwar der Abschnitt über die »patriotischen Bilder«, unter dem absurden Titel *Gott, Freiheit, Vaterland*. Es sind nur Fragmente, denn Aubert stirbt, als er gerade an seinem großen Buch über Friedrich schreibt. Aber dieses Fragment ist das erste deutsche Friedrich-Buch überhaupt. Im Vorwort wird der Moment der Veröffentlichung gefeiert, denn es sei eine »Zeit, in der Deutschland sich und seine heiligsten Güter gegen die Feindschaft der Welt verteidigen muss«. Der arme Norweger Aubert kann dafür zum Glück nichts. Aber immer, wenn Deutschland zu den Waffen greift, dann erinnert es sich des patriotischen Friedrichs und seiner Bilder gegen die französischen Besatzer.

*

Manche Bilder von Caspar David Friedrich sind schwach, manche bemüht. Nein, nicht alles ist meisterlich bei ihm, er ist zum Glück kein Gott, sondern ein Mensch gewesen. Ganz besonders schwer zu ertragen sind übrigens jene Bilder, auf denen er Liebe zu malen versucht. Da kommt plötzlich seine ganze Gehemmtheit raus, und er setzt stocksteife Liebespaare in die Landschaft, die aussehen, wie bestellt und nicht abgeholt. Stets versuchen sich ein Mann und eine Frau in blumenberänkten Lauben ungelenk zu umarmen. Am ärgsten ist es vielleicht in der Sepia »Der Sommer« aus der Hamburger Kunsthalle: Damit auch ja jeder versteht, um was es geht, schmiegen sich hinter dem Liebespaar sogar die Bäume aneinander, außerdem setzt Friedrich noch zwei schnäbelnde Tauben vorn ins Bild. Von sich selbst ergriffen, halten sich die Frau und der Mann an den Händen. Noch immer kann Friedrich keine Figuren zeichnen, die Köpfe sind viel zu klein und die Unterarme haben Muskeln wie Popeye, und damit sein Unvermögen nicht zu sehr auffällt, lässt er den Unterleib der Liebenden gleich ganz weg. Man sieht nur den Oberkörper. Liebe ohne Unterleib, das scheint dem künstlerischen Ideal Friedrichs zu entsprechen. Und dafür hat er Prügel von den 68ern kassiert. Peter Rautmann kritisiert »das Fehlen jeglichen erotischen Momentes« bei den Friedrich'schen Liebespaaren. Das Ganze sei natürlich die Folge seiner Kleinbürgerlichkeit und der Unfähigkeit, seiner Schicht zu entfliehen: »Nur durch täglichen Leistungsdruck, durch Verdrängung der freien Sexualität, war ein sozialer Aufstieg möglich.« Und das wird dem armen Friedrich leider in der Tat von Kindesbeinen an von seinem prüden Vater eingetrichtert. Die frühesten Werke, die sich überhaupt von ihm erhalten haben, sind Schriftübungen in geschwungener Form, zu denen der Vater den offenbar pubertierenden Caspar David gezwungen hat. Am 1. Januar 1789 muss der 15-Jährige als Strafarbeit schreiben: »Bezähme deine Sinnlichkeit. Ziehe Vervollkommnung deiner Seele allen Freuden der Sinne vor.« Leider hat er sich in seinem weiteren Leben sehr strikt daran gehalten. Der Arme.

*

Ja, wie hat sich Friedrich die Erde wohl gewünscht? Am liebsten wahrscheinlich ohne Menschen. Seine engsten Freunde berichten, dass er sich gern abgesondert hat von allen anderen. Dazu schreibt der Maler selbst: »Ihr nennt mich Menschenfeind, weil ich Gesellschaft meide. Ihr irrt Euch, ich liebe sie. Doch um die Menschen nicht zu hassen, muss ich den Umgang unterlassen.« Na ja. Die Figuren, die in seinen Landschaften stehen, wirken auf jeden Fall immer wie die Letzten ihrer Art. Ja, wie Betrachter, die noch einmal einen Blick auf die Natur werfen wollen, kurz vor dem eigenen Untergang. Die Apokalypse gehört nicht ohne Grund zu Friedrichs meistgelesenen Passagen der Bibel.

Als Friedrichs »Watzmann« im Jahre 1825 das erste Mal zu sehen ist, da verstört er den Betrachter des *Literarischen Conversationblattes*: »Die völlige Einsamkeit hat hier etwas Schauerliches, man sehnt sich danach, wenigstens einen Adler oder eine Gämse zu erblicken – vergebens, kein Leben wohnt hier als das der Luft und des Lichtes, jeder Pulsschlag des Gefühls steckt in dieser Höhe.« Und der Kunstkritiker Carl Töpfer erschaudert: »Es ist nicht zu leugnen, daß ein Gefühl des Einsamseyns uns bei dem Beschauen der Bilder ergreift, eine düstere Leere ohne Trost.«

*

Am 12. April 1945 um 10.30 Uhr fahren General Dwight Eisenhower und General George Patton in dem von den Amerikanern besetzten Bergwerk im thüringischen Merkers in die Tiefe. Das Deutsche Reich ist am Ende, und jetzt besichtigen die Amerikaner dessen vergrabene Schätze. Als sie tief unten im Salzstock der Grube Kaiseroda stehen, sehen sie die unüberschaubare Menge an Gold, die die Berliner Reichsbank hier im Februar hinter Stahltoren eingelagert hat. Wohin sie auch leuchten, nur Goldbarren auf Goldbarren, aus den Säcken glitzern die Diamanten, Eisenhower hat den Reichsschatz gefunden. Dann zeigen die Soldaten ihren Generälen noch zwei Dinge. Sie führen sie zur Büste der Nofretete, die die Berliner Museen hier untergebracht haben. Und dann begleiten sie sie zum größten der gefundenen Gemälde, das oben fast an die Decke des Schachts stößt, das riesige Bild des »Watzmanns« von Caspar David Friedrich, ein Berg versteckt im Bergwerk. Nur zwei Wochen später werden die Amerikaner um General Patton mit ihren Panzern die 577 Kilometer von diesem Schacht in der thüringischen Rhön bis Berchtesgaden zurückgelegt haben und dann von der Terrasse des zerstörten Berghofs Adolf Hitlers aus noch einmal den gleichen Blick auf den Watzmann haben wie Mitte April in Merkers. Es ist ein strahlender Frühlingsmorgen, an dem die amerikanischen Truppen Hitlers Rückzugsort erreichen, und der Watzmann leuchtet ihnen so unwirklich entgegen, als sei er nur gemalt.

*

In Sachsen fährt Caspar David Friedrich Anfang September 1800 mit einem Korb hinunter in die Besuchergrube des Freiberger Bergwerkes. Es ist ein heißer Tag. Er ist noch so erhitzt von der langen Wanderung den Berg hinauf, dass er sich unter der Erde schwer verkühlt. Danach geht es ihm fast acht Tage lang unterirdisch, er liegt im Bett und hustet.

*

Was die 68er Friedrich nicht verzeihen: dass er nur gedanklich, aber nicht auf der Erde ein echter Revoluzzer gewesen ist. Seine Kunst sei keine Kunst des Umsturzes und er kein Aktivist gewesen. Er habe sich über die Verhältnisse beklagt und über die Herrschaft der Fürsten, ja, das schon, aber er sei die Verkörperung des Kleinbürgers seiner Zeit geblieben: »Unfähig, die Geschichte selbst in die Hand zu nehmen«, flüchte er sich in »Passivität und Vertrauen in den gesetzmäßigen Gang der Geschichte.« Es sei bei ihm – so wehklagten die 68er – nie zu »einer dialektischen Beziehung zwischen objektivem Prozess und subjektiver Tätigkeit gekommen«. Ja, statt des Pinsels hätte unser Friedrich – so die Forderung – den Säbel schwingen sollen. Stattdessen mache er etwas besonders Schlimmes: Weil in seinen Bildern die Bauern weiter über die Felder ziehen wie der Nebel, und die Menschen am Strand stehen und den Himmel betrachten wie das Weltgeschehen, genau deshalb will Friedrich – so der Vorwurf Peter Märkers aus dem Jahre 1974 – »die Passivität seiner Klasse, des Kleinbürgertums, ideologisch legitimieren«. Was für ein Quatsch.

*

Die Passivität von Friedrichs Figuren ist ja genau sein Trick, um alle anderen zu aktivieren. Seine Zeitgenossen. Und uns. Sie laden uns ein, mit ihrem Blick auf die Welt zu schauen. Und genau dadurch kitzeln sie unseren eigenen Blick in die Welt hervor.

Das hat kaum jemand so genau verstanden wie der dänische Maler Vilhelm Hammershøi. Dank des Norwegers Andreas Aubert, der Friedrich auch für Deutschland wiederentdeckt hat, sieht er um 1900 in Kopenhagen dessen Werke, und es ist vor allem das Zimmerbild »Frau am Fenster«, von dem Hammershøi seinen Blick nicht mehr abwenden kann. Was für ein ungeheures Bild. Eine

Frau, Caroline Friedrich, steht am Fenster und guckt hinaus – und weil sie da so im Fenster steht, können wir, die Betrachterinnen und Betrachter des Bildes, nicht mehr hinausschauen. Sie steht uns im Weg. Uns bleibt also nichts anderes übrig, als mit den Augen der Frau zu schauen. Und diesen Blick zu vereinigen mit unserem eigenen auf ihren Rücken. So erleben wir gleichzeitig die Leere des Raumes hinter ihr und die Fülle der Welt vor ihr. Der Kopenhagener Hammershøi hat seine ganze Kunst aus diesem einen Bild Friedrichs aufgebaut und ihn damit auch wieder in seinen Studienort zurückgeholt. Hammershøi malt die Energie im Raum, die durch den verweigerten Ausblick entsteht und durch die Frau, die ihn durchmisst. Hammershøi hat in seiner Malerei an der Schwelle zum 20. Jahrhundert neue Formulierungen für die Stille gefunden, für die stehende Luft, für das Anhalten der Zeit. Aber er benutzt dafür die Worte Friedrichs. Manchmal stehen die Türen offen in Hammershøis Räumen, aber grundlos, ziellos, ratlos fast. Hammershøi ist wie Caspar David Friedrich in Zeitlupe. Die Räume sind so leer, weil sie wie Bühnen wirken, in denen gerade ein Stück von Ibsen, Strindberg oder Tschechow gespielt haben könnte. Oder gleich spielen wird. Und wir sollten nie vergessen, dass es Caroline Friedrich ist, die als Erste in diesen stillen Räumen zu sehen gewesen ist. Sie steht uns nicht im Weg, sie weist uns den Weg.

*

Es gibt vielleicht auch einen ganz schlichten Grund für all die Rückenfiguren im Werk von Friedrich. In einem kleinen Text schildert er anschaulich den Besuch der kleinen Stadt Elsterwerda, und widerspricht mit diesem Zeugnis allen Legenden, denen zufolge sich der Eremit Friedrich gar nicht für das andere Geschlecht interessiert habe. Friedrich nämlich schreibt: »Da wurde ich eingedenk die schönen Mädchen, so ich vor einigen Monaten bei meiner Durchreise gesehen, und schnell eilte ich, ehe's dunkel wurde, dem Orte zu. Langsam ging ich durch die stillen Gassen des Städtchens, und ich sah auch einige der schönen Mädchen; es waren dieselben, so ich schon gesehen.« Und dann kommt der entscheidende Punkt. Friedrich schaut ihnen immer weiter hinterher, bis sie in den Häusern verschwinden: »Durch die klaren Fensterscheiben konnt ich sie gar deutlich erblicken. Und ihnen kaum einen freundlichen Gruß zunicken, als sie sich plötzlich rückwärts wanden und schamrot verschwanden.« Friedrich also malt die Rücken der Frauen, die ihn entzücken, weil sie sich verschämt abwenden von seinem zu neugierigen Blick. Wir plädieren also für eine Gedenktafel in Elsterwerda: »Hier wurden Caspar David Friedrichs Rückenfiguren erfunden.«

*

Als Friedrich 1820 in seinem Atelier von Peter Cornelius besucht wird, dem frisch berufenen Rektor der Düsseldorfer Kunstakademie und berühmtesten Vertreter jener religiösen Malerei, die man die Nazarener nennt, da setzt sich Friedrich demonstrativ auf die Erde und bietet Cornelius den einzigen Stuhl an. Er sagt, er wolle damit den hohen Besuch ehren. Aber in Wahrheit hasst er die Nazarener, er verachtet ihre Wiederbelebungsversuche der Renaissance und der alten Frömmigkeit, ihr unentschlossenes Taumeln zwischen Vergangenheit und Gegenwart. Der fromme Friedrich glaubt, dass die Erneuerung des Glaubens nur aus der Natur selbst kommen kann und aus dem zeitgenössischen Menschen, der offene Augen für den Schöpfer hat. Als er sich auf die Erde hockt, da weiß er, dass er sich auf dem Boden der Tatsachen befindet und Cornelius in Wahrheit zwischen allen Stühlen sitzt.

*

Alles geht gerade wild durcheinander in seinem Kopf. Caspar David Friedrich malt in Dresden in seinem abgedunkelten Atelier und muss kurz die Augen schließen. Cornelius ist endlich gegangen. Vor seinem inneren Auge ist ihm gerade ein Bild erschienen, aber es steigen rund herum so unterschiedliche Gefühle und Erinnerungsfetzen in ihm auf, dass er sie kaum auseinanderhalten kann. Friedrich sieht sich am Rande von Sassnitz auf Rügen, wie er noch einmal jenen langen Weg durch den hohen Buchenwald geht, ganz allein, als junger Mann, vor vielen Jahren, als er lebensmüde gewesen ist und ihn dann an der Klippe beim Blick in die Weite doch wieder der Friede erfasst hat. Darüber legen sich jetzt die flackernden Bilder von jenem dramatischen Besuch am Kreidefelsen vor vier Jahren, als er um das Leben seines Freundes Kummer gebangt hat, weil der in einer stürmischen Nacht beim Aufstieg in einem Kreidevorsprung stecken geblieben ist und weder vor- noch zurückkonnte. Friedrich weiß noch, wie er oben an den Rand der Klippe gerobbt ist, um Kummer Mut zuzusprechen, doch der hat ihm durch den starken Regen und böigen Wind nur letzte, verzweifelte Wünsche zugerufen, Botschaften, die Friedrich an Kummers Frau und seine Kinder in Dresden überbringen sollte, wenn er diese Nacht im Kreidefelsen nicht überleben würde. Friedrich spürt noch immer den kalten Schweiß in seinem Rücken, wie damals, als er losgerannt ist, um beim Förster in der Nähe Hilfe zu holen, er weiß noch genau, wie er nachts an dessen Tür gerüttelt hat, und wie es ihnen beiden dann tatsächlich gelungen ist, den völlig entkräfteten und durchnässten Kummer mit einem Seil nach oben zu ziehen.

All das sieht Friedrich vor sich, wenn er an die Kreidefelsen denkt, die sich so kühn und weiß aus dem steinigen Strand im Norden von Sassnitz emporrecken, wie die Zahnreihe eines alten germanischen Riesen. Aber dann beginnt Friedrich innerlich zu lächeln, denn er erinnert sich an das letzte Jahr, als er wieder an diesem Felsen gewesen ist, wieder von dort oben hinabgeschaut hat in das glitzernde Türkisblau des Meeres, dessen Brandung man dort oben so laut und mächtig rauschen hören kann – ganz anders als die träge Elbe, die hinter dem abgedeckten Fenster unter seiner Wohnung sanft ihre Schwünge durch die Lande zieht. Letztes Jahr ist Friedrich in besonderer Gesellschaft an den Kreidefelsen gewesen: mit Line, seiner frisch angetrauten Ehefrau, während ihrer Hochzeitsreise. Sie ist so verzückt von diesem Ausblick gewesen, sie hat sich gar nicht mehr eingekriegt, und er erinnert sich noch, wie sie ganz traumverloren die kleinen Blümchen gepflückt hat, die oben an der Rasenkante wachsen. Auch Christian, sein geliebter Bruder, ist mit seiner Frau Elisabeth aus Greifswald mitgekommen, zu viert sind sie aus Sassnitz hochgestiefelt durch den Wald, und es hat eine Ewigkeit gedauert, weil die Frauen immer über die Wurzeln gestolpert sind und ständig geklagt haben, dass sie die falschen Schuhe anhätten. Aber irgendwann sind sie an der Klippe angelangt und dann hat das Reden ein Ende gehabt, denn alle haben ergriffen auf das jähe Weiß der Kreide und das tiefe Blau geblickt, und über ihnen haben die grünen Buchenzweige wie ineinander verschlungen gewirkt.

Und dennoch, mit Weibsbildern zu reisen ist irgendwie eine Lumperei, denkt Friedrich nun, das nächste Mal fahre ich wieder allein. Jetzt aber muss er erst einmal dieses Bild hier malen. Doch wie soll er all diese Gefühle und all diese wilden Erinnerungen in einem Gemälde miteinander vereinen? Friedrich hat keine Ahnung. Er kramt in seinen Skizzenbüchern nach alten Aquarellen und Zeichnungen vom Kreidefelsen, er will deren Kante ganz genau so malen, wie er sie erfasst hat, das gibt ihm Halt. Und diese mächtige Buche rechts am Ausblick über der Kleinen Stubbenkammer, die hat er doch auch einmal gezeichnet, so erinnert er sich und beginnt fieberhaft in den

20 Jahre alten Skizzen danach zu suchen. Immer wenn er nicht weiterweiß, im Malen wie im Leben, dann hält er sich an die Natur. Das mit den Menschen auf dem Bild, das würde er später schon irgendwie lösen. Ach, diese Menschen, wenn die doch bloß nicht wären, denkt Friedrich. Da geht die Tür zu seinem Atelier auf, Line steht im Türrahmen und sagt: »Mittagessen, kommst du bitte?«

*

Der russische Historiker Alexander Turgenew schreibt 1825, nachdem er lange mit ihm in seinem Atelier gesprochen hat, über Friedrich: »Man kann über seinen Werken träumen, aber klar verstehen kann man sie nicht, denn auch in seiner Seele sind sie unbestimmt. Es sind Träume, Gesichte im Schlaf und in der Nacht. So sind auch seine Worte: Er selbst sagt, er könne weder den Gedanken, noch das Bild, welches diesen ausdrückt, erklären.« Ist das nicht beruhigend?

*

Der »Kreidefelsen auf Rügen« ist heute Friedrichs vielleicht berühmtestes Bild. Und doch ist es vor allem ein großes Rätsel. Wir wissen weder, wann er es gemalt hat noch für wen. Ja, die zahlreichen Besucher seines Ateliers berichten zwar immer wieder von »Rügenlandschaften«, die sie bei ihm sehen, auch die »Stubbenkammer«, also die weißen Felsen im Norden von Sassnitz, wird dort gesichtet – aber niemand hat je die Figuren im Vordergrund beschrieben, und natürlich würde niemand dieses Trio übersehen. Die Frau, die da links in den Blumen sitzt. Der kauernde Mann in der Mitte, der den Zylinder abgelegt hat, und jener ganz rechts, der sich an den Baum lehnt und hinausblickt in die Weite. Es gibt Regalmeter von Literatur, die sich mit der Frage beschäftigen, wer sie sein könnten.

Denn wenn Friedrich wirklich sich selbst gemalt hat in der Bildmitte, zur Kante vorrobbend, dann passt der städtische Zylinder nicht, so etwas hat er nie an, wenn er über sein geliebtes Rügen läuft. Oder soll es der Zylinder des frischgebackenen Bräutigams sein? Aber eher will er doch den Gegensatz zeigen zu dem Mann rechts in seiner altdeutschen Tracht, die Friedrich so gerne gemalt hat, obwohl sie längst verboten ist. Der Altdeutsche rechts nämlich blickt souverän in die Weite, der Städter in der Mitte blickt ins Nichts. Und wenn das Bild etwas zu tun haben sollte mit der Hochzeitsreise und seinem Bruder Christian, dann hätte doch sicherlich der Familiensegen schief gehangen, wenn er auf dem Bild dessen Frau Elisabeth weggelassen hätte, die die Vierte im Bunde gewesen ist. Herrliche Rätsel. Denn diese drei Figuren sind zu aktiv gestaltet von Friedrich, zu bewusst eingesetzt, als dass sie bloße Rückenfiguren sein könnten wie manch andere stumme, schattige Gestalt in seinen Bildern, nein, das scheinen, wenn nicht konkrete Personen, so doch in jedem Fall Charaktere zu sein.

Aber gerade die ungewöhnliche Dominanz dieser Figuren in Friedrichs Bild mag dazu beigetragen haben, dass irgendwann im Laufe des 19. Jahrhunderts in Vergessenheit geraten ist, wer ihr Maler gewesen ist. Ja, wir müssen uns immer wieder vor Augen führen, dass der Name Friedrichs zwischen 1890 und 1900 quasi vergessen ist. Längst hat der Impressionismus den Naturalismus abgelöst, längst sind Böcklin und Lenbach und Thoma die Namen, die das deutsche Bürgertum kennt und deren Bilder man sich an die Wände hängt.

In Berlin erinnert man sich zur Zeit der Jahrhundertwende, auch dank seines Verehrers Max Liebermann, lebhafter an Carl Blechen – also an jenen furiosen Landschaftsmaler, der Naturstudien von kühnster Modernität erschaffen hat. Immer wieder sind seine Landschaften beseelt von großen stehenden Figuren, und es mag auf diesen Umstand zurückzuführen sein, dass im Jahre 1903 im Katalog des Auktionshauses Lepke in Berlin das folgende Bild von »Carl Blechen« angeboten wird: »Die Kreidefelsen bei Stubbenkammer auf Rügen mit Blick auf die See. Drei Personen im Kostüme der Zeit als Staffage«. So, nämlich als einen Carl Blechen, erwirbt es der große Blechen-Sammler Julius Freund, eine der wichtigsten deutsch-jüdischen Sammlerfiguren im wilhelminischen Deutschland, als es 1915 erneut bei Lepke versteigert wird. Freund hängt das Bild in seine prachtvolle und weitläufige Wohnung am neuerbauten Bayerischen Platz in Berlin. Und weil er immer wieder neue Bilder kauft, wandert es irgendwann vom Salon in eines der Kinderzimmer. 1908 nämlich hat er die Tochter Gisela bekommen, und der »Kreidefelsen« macht sich gut über ihrem Bett. Dort übersteht es unbeschadet den Ersten Weltkrieg.

Als Freund im Jahr 1920 Besuch von dem Kunsthistoriker Guido Joseph Kern bekommt, da zeigt er ihm stolz seine Sammlung. Als sein Gast immer noch nicht genug hat, führt er ihn ins Zimmer der zwölfjährigen Gisela, um ihm dort auch den »Kreidefelsen« von Blechen zu zeigen. Doch da fällt der Blechen-Experte Kern aus allen Wolken. Und er entdeckt den Friedrich im Blechen. Kurt Karl Eberlein veröffentlicht ihn in der Zeitschrift *Genius*, in der die »Kreidefelsen« 1920 im damals revolutionären Farbdruck erstmals in die Welt leuchten.

1930 dann verkauft Freund den neuen Friedrich an den Sammler Oskar Reinhart in Winterthur und rettet ihn so vor der Zerstörung. Freund muss emigrieren und seine restliche Sammlung wird 1942 zwangsversteigert und in alle Winde zerstreut, die Wohnung in der Haberlandstraße, in der der »Kreidefelsen« so lange unerkannt hing, wird 1945 ausgebombt und dem Erdboden gleichgemacht. Beim Schreiben dieses Buches habe ich genau auf diese Baulücke geschaut, auf den leeren Luftraum, in dem Friedrichs magische Luft über dem Meer am Kreidefelsen, gemalt vor etwa 200 Jahren, vor genau 100 Jahren für 15 Jahre gehangen hat.

*

Gisela Freund wird sich später, nach der Emigration nach Frankreich, Gisèle nennen – und eine sehr berühmte Fotografin werden. Die erste Leica hat ihr ihr Vater noch am Bayerischen Platz in Berlin gekauft. Wenn sie in Paris nach ihrer Herkunft gefragt wird, dann antwortet sie lächelnd: »Ich bin unter den Kreidefelsen von Rügen aufgewachsen.«

*

Als Besitzer des »Kreidefelsens«, der also im Jahre 1903 noch als ein Werk Carl Blechens gilt, wird im Auktionskatalog der preußische »Prinz Georg« genannt – das ist ziemlich aufregend, aber bis heute unbekannt geblieben. Von jenem Prinzen gibt es so viele Verbindungen zu Friedrich, dass man vielleicht doch darauf hoffen mag, dass wir bald mehr wissen über den geheimnisvollen Ruheort, an dem sich Friedrichs Hauptwerk ab etwa 1820 und für den Rest des 19. Jahrhunderts so gut hat verstecken können. Georgs Mutter jedenfalls ist die kunstbeflissene Wilhelmine Luise von Anhalt-Bernburg, an deren elterlichem Hof in Ballenstedt der Sohn von Friedrichs Malerfreund Gerhard von Kügelgen Hofmaler gewesen ist, sie hat außerdem engen Kontakt zur Malerin Caroline Bardua, die sowohl die Herzogin wie Friedrich porträtiert hat, und sie ist 1821 zu Kur auf Rügen und sieht dort den Kreidefelsen – das hätte also eigentlich alles sehr gut passen können. Luises Mann wiederum, Prinz Friedrich von Preußen, ein Neffe von Friedrich Wilhelm III., besitzt nachweislich, offenbar auf Zuraten des Kronprinzen und Friedrich-Sammlers Friedrich Wilhelm IV., selbst ein Gemälde von Caspar David Friedrich, das in seinem von Schinkel umgebauten Palais in der Berliner Wilhelmstraße hängt. Aber wenn man gerade glaubt, auf der väterlichen Linie könnte eins und eins zusammenkommen, dann findet man in den Akten leider den handschriftlichen Zusatz »ein Kreuz« – es ist also offenbar leider ein christliches Bildmotiv, das er besitzt …

Georgs Vater ist jedenfalls ein großer Burgenromantiker, und als er mit seiner Frau an den Rhein gezogen ist, um die neuen preußischen Gebiete dort militärisch zu verwalten, da baut er Burg Rheinstein um zu einem Mittelaltertraum, und Schloss Jägerhof wird zu einem Brennpunkt des Düsseldorfer Geisteslebens. Aber wo immer man sucht, in den Schlossinventaren oder auf den Dutzenden Aquarellen, die Prinzessin Luise von all ihren Zimmern malt – nirgendwo hängt ein Kreidefelsen, weder in Berlin, noch am Rhein. Es ist also offen, ob der 1826 am Rhein geborene Prinz Georg, als er das Bild von seinen Eltern erbt, die Zuschreibung an Friedrich einfach verschusselt und den Schöpfer dann »Carl Blechen« nennt, weil das am Ende des 19. Jahrhunderts gerade schicker ist. Oder ob er das Bild selbst als ein Werk Blechens in Berlin kauft. Auf jeden Fall ist Prinz Georg eine herrlich exzentrische Figur im Berlin der Kaiserzeit, der offen sein Dandytum und seine Homosexualität auslebt und den lieben langen Tag in Berlin mit Spazieren im Tiergarten, dem Dichten historischer Dramen und dem Plaudern zubringt, und wenn es ihm langweilig wird, kauft er ein paar Möbel und Bilder. Als er 1902 stirbt, fallen zahlreiche dieser Bilder und Möbel an Kaiser Wilhelm II., Prinz Georgs »Kreidefelsen« aber werden 1903 bei Lepke versteigert. Und wo immer er ihn auch herhat – er hat ihn ins 20. Jahrhundert hinübergerettet, danke dafür.

*

In den langen, bangen Sommermonaten des Jahres 1813 hat Friedrich in Krippen nicht nur Napoleon getroffen. Nein, er hat, seelisch aufgewühlt und voller Unruhe, beim Umherstreifen auch zwei seiner wichtigsten Motive gefunden. Wenn es dämmert und er sich sicher fühlt, dann schnürt er seine Stiefel und steigt die steilen Wege empor ins Elbsandsteingebirge. Hellwach blickt er auf die Steine am Wegesrand. 200 Jahre später wird der Fotograf und Autor Frank Richter all diese Wege noch einmal ablaufen. Und dank ihm wissen wir nun, dass der große Sandsteinblock, an dessen Rand die »Zwei Männer in Betrachtung des Mondes« stehen, auf dem Püschelweg von Krippen nach Reinhardtsdorf liegt, gleich nachdem man die letzten Häuser des Dorfes hinter sich gelassen hat. Und der große Stein, auf dem Friedrichs legendärer »Wanderer über dem Nebelmeer« steht? Den hat Karl-Ludwig Hoch gefunden, als er gerade seine Doktorarbeit über Friedrichs »Ehrfurcht vor der Natur« schrieb. Der Stein liegt da ganz ruhig und bescheiden am Berghang, wenn man von Krippen zur Kaiserkrone aufsteigt. Man kann auf ihn hinaufklettern und ins Tal hinabblicken, und wenn man Glück hat, dann steigen sogar die Nebel aus den Tälern auf.

# Kapitel IV

# Luft

Jederzeit dürfen Besucher Caspar David Friedrich in seinem Atelier in Dresden stören. Friedrich bietet ihnen stets seinen eigenen Stuhl an, einen zweiten hat er nicht im Raum, er zeigt ihnen das Bild auf der Staffelei, an dem er gerade malt und holt ältere aus der kleinen Kammer daneben hervor. Er liebt es, über seine Kunst zu sprechen, und vor allem hofft er natürlich immer, ein Bild zu verkaufen. Es herrscht ein reges Kommen und Gehen in Friedrichs Atelier, einmal schreibt er in einem Brief, es werde dort gerade gleichzeitig Russisch, Französisch und Englisch geredet. Ein ewiger Tag der offenen Tür im Haus An der Elbe 33.

Es gibt nur eine Ausnahme: »Jetzt malt er gerade die Luft«, so sagt seine Frau dann zu dem Gast, der gerade an der Tür geläutet hat, »jetzt darf man ihn nicht stören, denn wissen Sie, Himmelmalen ist für ihn wie Gottesdienst.« Ja, genau so hat sie es gesagt.

*

Caspar David Friedrich ist am 5. September des Jahres 1774 morgens um halb vier in Greifswald unter ungewöhnlichen Sternen geboren: Er ist Jungfrau, sowohl im Sternzeichen als auch im Aszendenten. Wer sich von Friedrichs Hang zur Akkuratesse und Ordnung überzeugen will, der sich für Astrologen fast zwangsläufig aus dieser Himmelskonstellation ergibt, der werfe einen Blick in sein Atelier, wie wir es von den Bildern seines Freundes Kersting kennen: Es ist fast schon klischeehaft besenrein, komplett leer, ein Stuhl, eine Staffelei, der Boden so blank wie die Wände. »Die Reinlichkeit behagt gar wohl«, wie Friedrich in einem seiner rührend ungelenken frühen Gedichte schreibt – und damit auch keiner daran zweifelt, eine Strophe später noch einmal: »Ich hab's gern reinlich«. Auch später preist er in Bildern und Räumen »die schönste Sauberkeit«.

Malen also im Geiste des deutschen Reinheitsgebotes. Und obwohl Besucher ein und aus gehen, gewährt Friedrich nur drei Gerätschaften Zutritt zu seinem Atelier und hängt sie an den Nagel an der Wand neben seine Staffelei – einem Dreieck, einem Lineal und einer Reißschiene, damit er in seinen Bildern die genauen mathematischen Berechnungen des Goldenen Schnittes durchführen kann. Ja, es hilft nichts: Wo wir nur Gefühle sehen wollen, Sehnsucht, Gottesliebe und Naturtreue, da basiert die Bildwirkung bei der Jungfrau Friedrich in Wahrheit immer auch auf Perfektionismus und Millimetergenauigkeit. Und wahrscheinlich ist es auch das Ordnende, was ihn anfangs stark mit der Jungfrau Goethe verbindet, der ja die ganze weite Welt in ein höheres System einpassen will. Aber Goethes Aszendent Skorpion lässt ihn dann doch giftige Pfeile in Richtung der doppelten Jungfrau Friedrich schießen, als dieser sich weigert, die »erbaulichen« und »erfreulichen« Bilder zu malen, die er sich erträumt.

*

Friedrich liebt die Sterne, die Planeten und den Mond. Ja, er verehrt diese himmlischen Regenten. Er glaubt jedoch nicht an deren Macht, sondern nur an die Gottes.

*

1974, zum 200. Geburtstag Friedrichs, gibt es in der DDR Gedenkmünzen für den Künstler, der ja glücklicherweise sowohl im späteren Gebiet der DDR geboren ist als auch gelebt und von dort sehr brav auf jegliche Westbesuche oder Ausreiseanträge verzichtet hat, von Italien hat er noch nicht mal zu träumen gewagt. Im Katalog der Dresdner »Galerie Neue Meister« wird Friedrich daraufhin auf verquere Weise sogar als Vorläufer des marxistischen Menschenbildes gefeiert, ja des sozialistischen Realismus. Hat er nicht einmal gesagt, die Menschen seien »Fürstenknechte«? Na also. Von Religion als Schlüssel zum Verständnis von Friedrich natürlich kein Wort in dem Land, das glaubte, so fest auf dem Boden der sozialistischen Tatsachen zu stehen, dass es den Himmel nicht mehr brauchte. Doch am Tag vor der Drucklegung gelingt es Hans Joachim Neidhardt, dem sachkundigen Kurator, doch noch, seinen Beitrag, in dem er Friedrichs tiefe Frömmigkeit beschreibt, seinen Glauben an die Auferstehung und seine christliche Heilserwartung, in den Katalog zu schmuggeln – anders, so weiß auch Neidhardt, könne man den Künstler nicht wirklich verstehen. Als die Direktion es merkt, ist es zu spät, der Katalog ist gedruckt – und so gibt es für den Kurator Neidhardt nur eine unchristliche Abmahnung, und der Direktor erhält an seiner Stelle den sozialistischen Verdienstorden. Als Neidhardt dann im selben Jahr 1974 den westdeutschen Kunsthistorikertag in Hamburg besucht, wo über Friedrich diskutiert wird, reibt er sich die Augen. Offenbar wird Anfang der siebziger Jahre in Sachen Friedrich nirgendwo marxistisch-leninistischer argumentiert als im akademischen Mittelbau der Bundesrepublik. Die Kritiker toben, weil Helmut Börsch-Supan in seinem gerade erschienenen, fundamentalen Werkverzeichnis der Bilder Friedrichs überall, in den Birken, den Tannen und den Ankern, christliche Symbole des Paradieses und der Auferstehung entdeckt haben will. Die DDR, bemerkt Neidhardt lächelnd, hätte ihre Freude, wenn sie wüsste, wie vehement im Westen für ein marxistisches Friedrich-Bild gekämpft wird.

*

Eine Chance will Goethe dem seltsamen Caspar David Friedrich dann doch noch geben. Er hat zwar das Gefühl, dass der Maler auf einem »Irrweg« geht, und hat den Brüdern Boisserée bekannt, dass er ein Bild von ihm zerschlagen hat, um »seinen Mut zu kühlen«, aber gut, er will jetzt mal nicht so sein, denn jetzt könnte ihm dieser sonderbare Friedrich wirklich mal behilflich sein. Gerade ist Goethe sehr fasziniert von dem Engländer Luke Howard, dem es als Erstem gelungen ist, die scheinbar undurchschaubaren Wolken am Himmel endlich doch zu durchschauen und in ein Ordnungsgefüge zu packen: Stratus, Cirrus, Cumulus und so weiter, endlich gibt es Namen für das Unaussprechliche über seinem Kopf, Goethe ist aufgeregt und dankbar und schreibt sofort ein ziemlich schlechtes und sehr wolkiges Gedicht darüber.

Und dann lässt er Friedrich über seine hübsche Freundin Louise Seidler, die auch des Malers Herz erobert hat, fragen, ob er nicht vielleicht diese drei zentralen Wolkenformen für ihn malen könne, als eine Art Schaubild, dann hätte er sie immer vor Augen, ohne aus dem Fenster schauen zu müssen. Und Goethe wie Louise Seidler wissen, dass Friedrich das durchaus könnte, ja, er habe aus Freundlichkeit sogar bei manchem Bild von Louise, so erzählt sie freimütig, »die Luft« gemalt, wie man das damals genannt hat.

Es kommt also zu dem Moment, auf den Friedrich seit Jahren gewartet hat: Der Dichterfürst gibt ihm einen kleinen, erfüllbaren Auftrag. Er will offenbar Frieden mit ihm schließen. Aber spätestens in diesem Moment wächst einem Friedrich ans Herz, denn er sagt: Nein. Nicht mit mir. Das ist nicht meine Auffassung von Kunst, sagt er.

Und, so mag er zudem denken, nicht meine Auffassung des Himmels.

An einem sehr wolkenreichen 8. Oktober 1816 schreibt Seidler darum nach Weimar, dass wegen Goethes Anfrage dunkle Zorneswolken über Friedrichs sanftem Gemüt aufgezogen seien. Sie druckst dann noch ein wenig herum, denn sie will Goethe eigentlich keine schlechten Nachrichten bringen, wer will das schon, dem Gott des eigenen Zeitalters eine Absage übermitteln. Aber, so schreibt sie dann gequält, es tue ihr leid, aber Friedrich habe einen »Umsturz der Landschaftsmalerei in diesem System« gesehen. Ja, leider müsse sie dem Herrn Geheimrat nach Weimar melden, dass Friedrich »fürchtet, künftig müssten nun die leichten, freien Wolken sklavisch in diese Ordnungen eingezwängt werden«. Wie eine strenge Gouvernante nennt Seidler Caspar David Friedrich darauf den »Unartigen«.

Ach, wie recht Friedrich doch hat, nicht artig zu sein. Der Himmel ist für ihn ein magischer, heiliger Ort, den kann er nicht zum naturwissenschaftlichen Lehrmaterial herabwürdigen, wie es der Geheimrat gerne hätte, der die Ordnung so schätzt bei den Gesteinen und den Gestirnen. Und der es eben auch im Himmel lieber übersichtlich hätte.

*

Der Schriftsteller Ralf Rothmann hat das Verhältnis zwischen Goethe und Friedrich und also das zwischen Klassik und Romantik in seiner wolkenreichen *Theorie des Regens* auf die kürzestmögliche mathematische Formel gebracht:

Klassik: A plus B gleich C.

Romantik: A plus B gleich Unendlich.

*

Wenn Friedrich morgens und abends aufbricht zu seinen Spaziergängen an der Elbe, dann liegt oft eine herrliche, feierliche Ruhe über der Landschaft und der Stadt. Am liebsten hat er es, wenn die Nebel alles noch verhüllen oder alles schon wieder in Watte packen und der Wirklichkeit auf diese Weise etwas nehmen von ihrer Zudringlichkeit. Nur die Kirchturmspitzen aus der Altstadt und der Neustadt ragen dann aus den Nebelschwaden. »Wenn eine Gegend sich in Nebel hüllt«, so schreibt Friedrich, »dann erscheint sie größer, erhabener, erhöht die Einbildungskraft und spannt die Erwartung; gleich einem verschleierten Mädchen.« Ja, Friedrich liebt es, wenn die Natur einen Schleier vor ihr Angesicht zieht, und dass er dabei an ein sich verhüllendes Mädchen denkt, zeigt, dass das für ihn fast eine erotische Wirkung hat. Das Nebulöse ist für ihn das Schöne.

*

Friedrich hasst die Hitze und die knalle Sonne. Als Mann vom Meer kann ihm die Luft eigentlich nie kalt genug sein. Der Pelzmantel, den ihm sein Bruder Heinrich geschenkt hat, macht ihn sogar so übermütig, dass er auch bei minus 20 Grad ausgiebige Spaziergänge in der Eiseskälte unternimmt. Wenn er nach Hause kommt, fällt ihm der Reif vom Mantel und das Eis aus dem roten Backenbart. Aber egal. Auch am nächsten Morgen geht er wieder raus, denn »es macht mir unendlich viel Freude, so eingemummelt dem Winter Trotz bieten zu können«.

*

Natürlich ist die so heiße wie frostige Geschichte zwischen Goethe und Caspar David Friedrich noch immer nicht zu Ende. Der jüngste Akt ihres ewigen Theaterstücks, das manchmal Tragödie ist und manchmal Komödie, beginnt am Abend des glühend heißen 27. Juli des Jahres 1994 in Frankfurt am Main. Zwei Männer lassen sich abends in der Ausstellung »Goethe und die Kunst« in der Frankfurter Kunsthalle Schirn einschließen. Als sich die Dunkelheit über die Stadt gelegt hat, überwältigen sie den Wachmann, nehmen ihm die Sicherheitsschlüssel ab, fesseln ihn und legen ihn in einen Abstellraum. Dann rauben sie aus der Ausstellung zwei Gemälde des englischen Romantikers William Turner und auch einen Friedrich, sein Gemälde »Nebelschwaden«, weil es zufällig daneben hängt und noch Platz in ihrer großen Tasche ist. Der Friedrich ist also ein klassischer Beifang. Mit der Tasche steigen sie in den Lastenaufzug, und mit den erbeuteten Schlüsseln öffnen sie das Tor nach draußen, an der Seite zum Frankfurter Dom. Dann verschwinden sie in der Nacht. 62 Millionen Mark beträgt der damalige Versicherungswert der drei Bilder.

Eine Zeugin sieht, wie die Diebe aus dem Museum kommen und die Werke in einem parkenden Auto verstauen. Sie will die Polizei rufen und rennt zur nächsten Telefonzelle, doch davor stauen sich die Menschen, lauter Autofahrer, deren falsch parkende Wagen die Polizei wegen eines Volksfestes abgeschleppt hat und die sich wütend beschweren wollen. Keiner lässt die Dame durch. So kann sie den Diebstahl erst melden, als die Diebe längst über alle Berge sind.

Ein Diebstahl? Oder ist es nicht ohnehin ein großes Missverständnis gewesen, dass ausgerechnet ein so vernebeltes, schwermütiges Bild von Friedrich in der Goethe-Ausstellung gezeigt worden ist? Am Himmel türmen sich die Wolken, die keinerlei Ordnungssystemen gehorchen, sie erzählen ihre eigene Geschichte, von hinten durch ein fernes, ewiges Licht erhellt. Ein Bild also mit Dresdner Abendhimmel und zahlreichen Krähen, die aufgeflogen sind und dem Ganzen jene magische Atmosphäre der gespannten Stille und sehnsüchtigen Melancholie verleihen, die wir an Friedrich so lieben – und die Goethe an ihm so hasst.

Deshalb muss man sich wirklich fragen, ob jene Unbekannten, die am 28. Juli 1994 dieses Bild aus der Ausstellung fortgetragen haben, tatsächlich einen »Diebstahl« begangen haben, wie von kulturgeschichtlich Unkundigen sofort behauptet wird. Oder ob es sich juristisch nicht um »Notwehr nach § 32« handelt, um einen möglichen Angriff abzuwehren, oder zumindest um den »rechtfertigenden Notstand, § 34«, da die Diebe ja eine Gefahr von dem Friedrich-Gemälde haben abwenden wollen. Auch könnte ihnen »Befreiung aus Geiselhaft« unterstellt werden, denn so muss sich ein Friedrich in einer Goethe-Ausstellung fühlen, zumindest haben die Diebe also die »Rettung vor der Inanspruchnahme« durch einen falschen Freund vorgenommen. Sie haben dafür einen Wachmann gefesselt und ein Bild gestohlen, gut, aber dafür könnte man sich auch auf den »Aggressivnotstand, § 904 BGB« berufen. Aber nichts davon wird in der Gerichtsverhandlung gegen die beiden Einbrecher vorgebracht. Sie werden für acht und elf Jahre eingebuchtet, ihre Verteidiger haben sich leider nicht in der Kulturgeschichte ausgekannt. Sonst hätten sie folgenden Satz aus dem Ausstellungskatalog *Goethe und die Kunst* in ihrer Beweisaufnahme zitiert, der bereits klarmacht, dass das Bild eigentlich gar nichts in dieser Ausstellung verloren hat: »Das Gemälde ›Nebelschwaden‹ belegt exemplarisch, dass Friedrichs Neigung zu atmosphärischen Phänomenen mit Goethes meteorologischem Interesse nicht in Einklang stand.«

*

Noch in der Nacht, als der Diebstahl bekannt wird, ruft die geschockte Frankfurter Museumsdirektorin die Telefonauskunft an und lässt sich mit dem Anschluss des

Direktors der Hamburger Kunsthalle verbinden, denn der hat Friedrichs »Nebelschwaden« nach Frankfurt ausgeliehen. Als sie ihn nicht erreicht, spricht sie ihm auf den Anrufbeantworter und berichtet von der Tragödie, die sich zugetragen hat. Auch am nächsten Morgen versucht sie, ihn zu erreichen, bekommt ihn aber nicht an die Strippe, Handys gibt es noch nicht, und so spricht sie ihm noch einmal aufs Band. Sie ist verwirrt, als sie mittags einen irritierten Anruf des verstörten Hamburger Direktors erhält, warum sie ihn nicht längst angerufen habe. Da stellt sich heraus: Die Direktorin hat einem Hamburger Zahnarzt gleichen Namens auf den Anrufbeantworter gesprochen.

*

Ziemlich schnell hat man die Diebe dieses spektakulären Raubes gefasst, sie haben dummerweise auf der Tür des Lastenaufzuges Fingerabdrücke hinterlassen, sind vorbestraft und polizeibekannt, so nimmt man sie im Frankfurter Bahnhofsviertel fest. Aber vom Diebesgut fehlt weiterhin jede Spur. Man hat offenbar nur die Handlanger ins Gefängnis gesteckt, die Hintermänner bleiben völlig im Dunkeln, versteckt hinter »Nebelschwaden« so dick wie auf Friedrichs Gemälde. Und das Aufregende ist: Obwohl sie sich manchmal scheinbar lichten, ziehen sie sich danach nur noch fester zu und hüllen erneut die ganze Geschichte in dichten Nebel.

Als Drahtzieher wird ein jugoslawischer Unterweltboss vermutet, der den Spitznamen »Stevo« trägt, oder auf Frankfurterisch »der alde Steffan«. Er soll versucht haben, den Friedrich und die Turners schnell nach Marbella zu verkaufen, aber das klappt nicht, und so will er sie irgendwo verstauen, bis Gras über die Sache gewachsen ist. Er nimmt darum die drei Bilder, steckt sie in den Kofferraum seines Mercedes und fährt in die kleine Kfz-Werkstatt von Josef S., einem Wiener Schrauber, der den halben Tag unter Autos liegt. Seit Jahren motzt er die Wagen der jugoslawischen Unterweltgrößen auf.

Seine Werkstatt liegt unauffällig in einem Hinterhof in der Frankfurter Waldschmidtstraße, direkt gegenüber vom riesigen Zoogelände im Stadtteil Ostend. Wenn Josef S. unter seinen Autos liegt, dann hört er immer die Schreie aus dem großen Vogelhaus gegenüber und manchmal, wenn es dunkel wird, das nächtliche Bellen der afrikanischen Wildhunde.

Stevo also fährt hier im August 1994 vor und bittet den Automechaniker seines Vertrauens um einen kleinen Gefallen. Ob er diese drei in Decken eingehüllten alten Bilder wohl irgendwo zwischen den Winterreifen verstauen könne? Kein Thema, sagt Josef S., für ihn gehört so etwas, wie er später vor Gericht aussagen wird, »zum Kundendienst«. »Der Jugo«, so wird er weiter in breitem Österreichisch berichten, habe beiläufig gefragt, »kannst die amal a bisserl hinter die Reifen stellen?« Und natürlich habe er das gemacht.

Irgendwie bekommt das Bundeskriminalamt einen Hinweis auf Stevo als Drahtzieher des spektakulären Gemäldediebstahls, sie versuchen, ihm mit Mittelsmännern, die die Bilder bei ihm ankaufen sollen, auf die Schliche zu kommen, doch das scheitert. Kurz danach nehmen sie ihn aber in seiner Frankfurter Stammkneipe »Zum blauen Wasser« fest, er bittet die verdutzten Beamten darum, noch kurz sein Bier austrinken zu dürfen.

Er wird in Haft genommen, doch schon am nächsten Tag ist er wieder frei – mangels Beweisen. Er hat einen sehr guten Anwalt. Sein Name: Edgar Liebrucks. Liebrucks ist ein Herr in karierten Sakkos und Krawatte, Sohn eines Philosophen und einer Bildhauerin, und ein Strafverteidiger mit anerkannt guten Kontakten in die Frankfurter Unterwelt. Als ein paar Jahre später die Londoner Tate Gallery, die immer noch nicht die Hoffnung aufgegeben hat, dass ihre zwei bedeutenden Turner-Gemälde wieder auftauchen, ihren besten Mann nach Frankfurt schickt, wird er in Liebrucks Kanzlei im Frankfurter Westend vorbeischauen. Undercoveragent Jurek Rokoszynski, genannt Rocky, der Kalle Blomquist der Kunstdiebstähle, zieht für einige Zeit nach Frankfurt, um die beiden bedeutenden Turners zurückzuholen – zwei Gemälde, die im Gegensatz zu Friedrich tatsächlich sehr viel mit Goethe zu tun haben, ja, Reaktionen auf seine Farbenlehre sind, sie heißen »Licht und Farbe« und »Schatten und Dunkelheit«.

Als Rocky ihn um Hilfe bei der Suche nach den Turners bittet, lässt sich der ausgebuffte Liebrucks als Erstes von der Staatsanwaltschaft in Frankfurt zusichern, dass »übergesetzlicher Notstand« herrscht, damit die ganze

Sache mit den Bildern für ihn nicht zu einer *Rocky Horror Picture Show* wird. Und die Staatsanwaltschaft spielt mit, die Strafverfolgung der Hintermänner soll hinter der Wiederbeschaffung der Bilder zurückstehen. Wie schön, wenn Kunst plötzlich eine solche übergesetzliche Rolle spielen kann. Liebrucks lässt sich auch noch zusichern, dass er als Vermittler nicht wegen Hehlerei belangt werden kann, denn das wäre ja noch schöner, dass er erst hilft und dann selbst angeklagt wird (aber so wird es fast kommen).

Als er diese Zusagen hat, legt er los. Niemand weiß bis heute, wie viel er vorher schon gewusst hat, was er überhaupt gewusst hat, aber auch Edgar Liebrucks muss vielen sehr dunklen Pfaden nachgehen und in trüben Quellen fischen, bis er irgendwann nachts von zwei Mittelsmännern abgeholt wird, die ihm die Augen verbinden und die Binde erst in einer Waldhütte bei Offenbach wieder öffnen. Dort sieht Liebrucks dann mitten in dunkler Nacht ganz kurz eines der gestohlenen Turner-Gemälde, natürlich passenderweise das mit dem Titel »Schatten und Dunkelheit«. Ob die beiden danach wieder in ihr sicheres Versteck zwischen den Winterreifen wandern oder in der Offenbacher Waldhütte bleiben – niemand weiß das.

Aber was wir wissen: Liebrucks kann der Tate Gallery die Zusage für Lösegeld in Höhe von zweimal fünf Millionen Pfund entlocken – und dann kann er den überglücklichen Londoner Museumsleuten 2000 den ersten und 2002 den zweiten Turner in seiner Frankfurter Kanzlei übergeben. Das Lösegeld für den ersten Turner bringt er in einer unscheinbaren Plastiktüte über die Fußgängerzone Zeil zu den Mittelsmännern. Oder zu Mittelsmännern von Mittelsmännern, wer weiß das schon. Das zweite Mal übergibt er auf einer Parkbank in Bad Homburg einen Aktenkoffer. An wen? Liebrucks nennt sie vor Gericht nur »die Leute«. Turners Bild hat mit »Schatten und Dunkelheit« jedenfalls den idealen Titel für dieses jahrelange Versteckspiel.

*

Auch Caspar David Friedrich hat mit »Nebelschwaden« den richtigen Namen gewählt für die nebulöse, jahrelange Suche nach seinem Bild. Eigentlich haben alle schon die Hoffnung aufgegeben. Die Versicherung hat der Hamburger Kunsthalle, der das Bild gehört, bereits 1,9 Millionen Mark Schadensersatz gezahlt – und die gibt das Geld sofort für Neuankäufe aus, damit es nicht in den städtischen Etat zurücküberwiesen werden muss.

Doch in den ersten Januartagen des Jahres 2003, neun Jahre nach dem Diebstahl, kommen zwei etwas mitgenommen aussehende Herren in die Kanzlei von Edgar Liebrucks, Josef S. und sein Freund Hartmut K., beide müde und mindestens 60 Jahre alt. Sie behaupten, seinerzeit die Turners zwischen den Winterreifen verwahrt zu haben. Und nun hätten sie da noch das dritte Bild, den Friedrich. Sie wollten den nicht mehr zwischen ihren Reifen lagern, die »Besitzer«, so wie sie sie nennen, seien längst nicht mehr in Frankfurt. Und weil offenbar der Zweig der jugoslawischen Unterwelt, der sich so lange bei Josef S. die Mercedes hat tieferlegen lassen, inzwischen hochgebockte SUVs fährt oder verschwunden ist, muss er seinen Kfz-Handel aufgeben und arbeitet nun im Bahnhofsviertel als Wirt. Er wolle Lösegeld von der Hamburger Kunsthalle, damit er und sein Kumpan sich nach Kuba absetzen können. Neues Leben anfangen und so. Liebrucks nimmt Kontakt mit der Hamburger Kunsthalle auf und will versuchen, an das Bild heranzukommen. Von Woche zu Woche sinkt der Preis, die beiden alten Halbganoven haben Panik, sie fühlen sich verfolgt, und sie wollen nach Havanna. Josef S. hat da wohl eine 20-Jährige geheiratet, die ihm die kubanische Staatsbürgerschaft offeriert hat. Auch Caspar David Friedrichs Frau ist schließlich fast 20 Jahre jünger gewesen, da wollen wir mal nicht so sein.

Am Anfang wollen die ausreisewilligen Hehler von Liebrucks 1,5 Millionen Euro. Irgendwann ist man bei 250000 Euro. Liebrucks leiht sich das Geld in der Schweiz und streckt es eigenhändig vor, weil die Kunsthalle Hamburg erst einen Mäzen dafür finden muss.

Wo er den Friedrich abholt, wird er in keinem der Prozesse verraten, aber auf jeden Fall fährt am späten Nachmittag des 16. Juli 2003 Edgar Liebrucks mit seinem Mercedes Cabrio zu einem unbekannten Ort – und kommt mit dem in eine lausige Decke eingepackten Gemälde von Friedrich zurück. Da er nicht weiß, wo er es am besten lagern soll, öffnet er die Klappe des Konzertflügels, der in einer Ecke des riesigen Arbeitszimmers in seiner Kanzlei steht, legt es darunter und schließt den Flügel wieder. Für die nächsten Wochen wird er darauf verzichten, Klavier zu spielen.

Als er den Geschäftsführer der Hamburger Kunsthalle anruft, um ihm zu sagen, dass er den Friedrich nun bei sich habe, bekommt der Schnappatmung. Nicht nur, dass sein Mäzen für die 250000 Euro Lösegeld gerade abgesprungen ist, weil dem die Sache zu heiß gewesen ist – er weiß auch, dass er nun der Versicherung 1,9 Millionen Mark zurückzahlen muss, die er längst ausgegeben hat. Liebrucks sitzt nun auf dem Friedrich, auf Schulden in Höhe von 250000 Euro, die er den Kleinganoven vorgelegt hat und wird von der Kunsthalle selbst der Hehlerei bezichtigt. Die Verhandlungen stocken. Der Friedrich liegt in seinem Klavier. Und er muss 250000 Euro zurückzahlen. Da wird selbst dieser Mann mit Nerven aus Stahl etwas ungeduldig. Kurzerhand öffnet er am 26. August seinen Konzertflügel, nimmt den in die Decke gehüllten Friedrich und fährt ihn die paar Straßen weiter zur Frankfurter Schirn. Nicht nur Mörder, so mag sich Liebrucks gedacht haben, kehren an ihren Tatort zurück. Auch gestohlene Wertgegenstände können das tun – »diesen Scherz habe ich mir erlaubt«, wird Liebrucks vor Gericht lächelnd sagen. Man darf behaupten, dass Caspar David Friedrich nicht den schlechtesten Anwalt gehabt hat.

Liebrucks parkt also mit seinem Mercedes Cabrio direkt vor dem Hintereingang der Schirn am Frankfurter Römer, nimmt den Friedrich unter seinen Arm und drückt ihn drinnen einem verdutzten Wachmann in die Hand, der ruft den Verwaltungsdirektor, der das Bild verwirrt entgegennimmt. Liebrucks fährt in seine Kanzlei zurück und spielt auf dem frisch entleerten Flügel erst einmal ein paar Takte Mozart.

Ein paar Tage später gelangt das Bild mit einem Hochsicherheitstransport von Frankfurt nach Hamburg. Die Hamburger Kunsthalle nimmt es dankbar zurück und hängt es schon im Herbst 2003 wieder auf. Weil die Kunsthalle Liebrucks das Lösegeld von 250000 Euro nicht erstatten will, zieht der vor Gericht. Und deshalb kennen wir all die herrlichen Geschichten um diesen nebulösen Raub. Die Kunsthalle verlangt eine Quittung für die Übergabe des Lösegeldes. Das sei nicht üblich im Frankfurter Bahnhofsmilieu, dass man sich Quittungen für Hehlerware ausstelle, antwortet Liebrucks da mit süffisantem Lächeln. Das Gericht gibt ihm recht. Die Kunsthalle muss ihm seine Auslagen erstatten. Die Kriminellen, sagt Liebrucks, hätten sich in diesem Fall durchaus anständiger verhalten als das Museum.

Aufmerksamen Besuchern fällt 2003 auf, dass oben am Rahmen der »Nebelschwaden« drei kleine Fingerabdrücke zu sehen sind. Lange wurde gerätselt, ob die von Stevo sind, von Edgar Liebrucks, von den Mittelsmännern oder vom Frankfurter Verwaltungsdirektor. Sie erzählen auf jeden Fall von einer handfesten Räuberpistole.

*

Wer den Zug nimmt von Dresden nach Hamburg, diesen herrlich langsam fahrenden Intercity aus alten Zeiten, und zwischendurch Palatschinken isst und Knödel, der kann sich an einem Tag, wenn er sich sputet, morgens in Dresden Friedrichs »Großes Gehege« ansehen, mittags in Berlin den »Mönch am Meer«, um dann nachmittags in Hamburg zur Krönung den »Wanderer über dem Nebelmeer« zu besuchen und das »Eismeer«. Und natürlich die heimgekehrten »Nebelschwaden«, denen man ihre Jahre zwischen den Winterreifen und die Wochen im Klavier in Frankfurt nicht ansieht. Mir aber ist über die Jahrzehnte ein ganz kleines und kaum bekanntes Bild von Friedrich aus der Hamburger Kunsthalle noch mehr ans Herz gewachsen. Es trägt den Titel »Ziehende Wolken«, ist nur 18 mal 24 Zentimeter klein – und enthält doch die ganze Welt.

Es ist ein quergestreiftes Bild: Oben scheinen, einem Vorhang gleich, die Wolken zu stehen, dahinter in einer zweiten, weiter entfernten Ebene verzieht sich nach einem Gewitter gerade der Regen, dahinter wiederum die Berge, vorne der Streifen satten Grüns, ganz vorne der Wall düsterer Steine. Was wie ein vor Ort gemalter Natureindruck von größter Prägnanz wirkt, ist, wie immer bei Friedrich, eine Mischung aus Erinnerung und Phantasie. In einem Brief aus dem Jahre 1820 nennt er das Bildchen sogar ganz ehrlich »Erinnerung an den Brocken von der Höhe«. Die Harzreise, auf der die vorbereitenden Studien entstanden sind, hat er 1810 unternommen. In zehn Jahren haben sich also in Friedrichs Kopf die Nebel gelichtet.

Und verdichtet. Die Wolken verzogen. Und zusammengeballt. Der Wind scheint von links zu kommen und weiter hinten von rechts. Ein großes Hin und Her. Sehr viele Ebenen. Was also sehen wir hier? Ich glaube, wir sehen mitten hinein in Caspar David Friedrichs Kopf.

Er nimmt das Bild der Natur, um in sich hineinzuschauen mit seinem inneren Auge, er malt den Nebel und die Wolken und eigentlich erzählt er vom Wesen des Menschen. Von der Gleichzeitigkeit des Ungleichzeitigen in unser aller Köpfen, von den vielen Dingen, die im selben Moment geschehen und gedacht werden und verarbeitet werden müssen und die doch oft nicht in dieselbe Richtung gehen. Die oft noch nebulös sind. Die widerstreitenden Dynamiken eines undurchschaubaren Wetterwechsels im Gebirge werden für Friedrich zu einem Symbolbild für das, was wir heute Multitasking nennen.

Wolken sind für Friedrich nicht einfach Wolken. Für Friedrich sind Wolken aufgeladen im Sinne der christlichen Mystik. Da der Mensch das göttliche Licht nicht sehen darf, habe sich Gott, damit seine Gegenwart erträglich sei, in Nebel oder Wolken gehüllt.

Und sosehr sie von Gott erzählen, so sehr spiegeln sie – wie es Friedrichs Freund und Malerkollege Carl Gustav Carus formuliert – die seelischen Gemütszustände des Hinaufblickenden: »Wie ziehende Wolken im steten Wandel begriffen, so die inneren Zustände des Menschen. Alles, was in seiner Brust widerklingt, ein Erhellen und Verfinstern, ein Entwickeln und Auflösen, ein Bilden und Zerstören, alles schwebt in den Gebilden der

Wolkenregionen vor unseren Sinnen.« Genau so denkt Friedrich. Als er seinem Bruder Adolf 1823 ein Bild geschenkt hat, und der sich bedankt mit den Worten, in seiner Seele »stürme es wie auf dem Bilde«, da antwortet ihm sein malender Bruder: »Immerhin der Sturm läutert die Luft«.

Ja, der gemalte Himmel lebt von seinem größten Widerspruch: Er will das Universum vorführen, so wie es ist, doch der Betrachter sucht im Bild nicht nach ihm, sondern immer nach sich selbst, seinen inneren Gestimmtheiten – und er findet sich auch, er sieht sein eigenes Leben bestätigt oder herausgefordert, oder er geht achselzuckend weiter. Wenn wir neumodischen Gemüter, in deren Seelen es stürmt, also täglich hören, dass uns nur das Meditieren helfen könne gegen das Gewitter der Erwartungen und die digitale Überforderung des »stetigen Wandels«, dann sollten wir uns an dieses kleine Bild erinnern. Denn dass man die Gedanken kommen und gehen lassen solle wie Wolken, das kann man von niemandem so gut lernen wie von Caspar David Friedrich. Er zeigt uns, was Wolken sein können: Geschenke des Himmels.

*

Wer von seinen Zeitgenossen einmal das Glück hat, Caspar David Friedrich in die Augen zu blicken, der beschreibt deren Farbe hinterher als: himmelblau.

*

Wie sind nur die Wolken auf die Bilder gekommen, also jene Gebilde aus Wasserdampf, die sich in jeder Hundertstelsekunde verändern, die sich aufbäumen und die verlaufen, die sich türmen und die vorüberjagen, die sich vollkommen gewandelt haben, wenn man nur eine Sekunde lang nicht in den Himmel geblickt hat? Wolken zu malen, also richtige, realistische Wolken, das ist für jeden Maler eine riesige Herausforderung. Um 1820 dann geht es plötzlich los, zwei europäische Maler machen die Wolke zur Hauptfigur, John Constable in England und der Norweger Johan Christian Clausen Dahl, der in Italien den Himmel in Öl auf kleine Pappen bannt. Diese beiden nehmen als Erste die Wolken in ihrer Haltlosigkeit wirklich ernst. Da zieht einer von ihnen, John Constable, Sohn eines Müllers, der die Mühle seit Kindheitstagen am Zug der Wolken ausgerichtet hat, um den richtigen Wind für sein Mehl zu bekommen, täglich hinaus in die Weite von Hampstead Heath bei London, nimmt seine Ölfarben und blickt hinauf. Und malt dann plötzlich Wolken, wie sie noch niemand gesehen hat, »skying« nennt er das, er himmelt den Himmel an. Und erst in diesem Moment erfasst er ihn. Es sind englische Wolken, nordische Gebilde, herb, es steckt viel Grau in ihnen, künftiger Regen, viel Wind, sie jagen über die winzigen Pappen und Leinwände, der Beginn der Wolkenmalerei ist auch der Einzug der Geschwindigkeit in die Geschichte der Kunst. Es ist frappierend, dass er genau zum gleichen Zeitpunkt das malt, was sein Landsmann Luke Howard ein paar Kilometer weiter in eine Klassifikation der Wolken überführt.

Genau am anderen, südlicheren Ende Europas beginnt 1819 der Norweger Dahl, in Neapel Wolken zu Kunst zu machen, der Skandinavier malt die südlichen Himmelsgebilde, die ihn überwältigen, sie sind geschwängert von der Schwüle, sattgrau oder strahlend weiß leuchtend, wie sie über den Golf von Neapel ziehen und trotzig konkurrieren mit der Aschewolke über dem Vesuv. Hier, wo Goethe eine Generation früher auf seiner *Italienischen Reise* erkannt hat, wie die Natur sich in dem Moment verwandelt, in dem man aus dem Fenster blickt und sie zum Bild wird, genau hier verewigt Dahl die Urform der Verwandlung der Wolke in ein Kunstwerk.

Und als er dann aus Italien nach Dresden zurückkehrt, dieser Dahl, da zieht er zu Caspar David Friedrich ins Haus – und Friedrich gehen die Augen über angesichts dieser Wolkenstudien. Er macht so etwas eigentlich nicht, es behagt ihm nicht, in der Natur zeichnet er nur, er schreibt genau auf, welche Farbe der Himmel hat und wo die Schatten liegen. Manchmal nummeriert er sogar die Wolken, die er gezeichnet hat. Später dann in seinem abgedunkelten Atelier erfindet er den Himmel neu – mit dem Pinsel. Aber ihn direkt malen, in Öl vor der Natur? Immer wieder will ihn Dahl dazu überreden und dann, im Jahre 1824, fängt Friedrich tatsächlich damit an. Er blickt in den Himmel und malt ihn, drei dieser Ölstudien haben sich erhalten. Sie haben ein zauberhaftes Licht, das Abendgold, dieses Nachleuchten der Luft über dem Horizont hat er nie so zart und überirdisch gemalt wie hier. In feinsten Abstufungen minutiös lasiert, schimmern die

Farbschichten von goldgelb über rosa bis violett und blau. »Abend, October 1824« hat Friedrich bei einer mit der Rückseite seines Pinsels in die noch nasse Farbe geritzt. Er, der kein einziges seiner Bilder signiert hat, nimmt hier den Moment der Entstehung als Signatur. Es sind hellleuchtende Himmel voll warmer Luft. Kaum Wolken darauf, nur angedeutet, das überließ Friedrich weiterhin Dahl, er kann das nicht so schnell, er braucht Zeit dafür, er muss sich ganz langsam hineinfühlen und die Wolken dann wachsen lassen und ziehen, so wie er sie vor seinem inneren Auge wachsen und ziehen sieht. Es wirkt, als habe sich Friedrich kurzzeitig zu der schnellen Himmelsmalerei verführen lassen, als sei er selbst erschrocken, wie gut er, der Himmelskundige, den himmlischen Moment einfassen kann. Denn es ist zwar nur ein »Abend«, den er gemalt hat, aber im Verdämmern dieses einen Abends zeigt er das Verdämmern der ganzen Welt. Das muss Friedrich selbst erschreckt haben. Als hätte er noch einmal den Bewusstseinsschock der Aufklärung an sich erlebt. Er hat das Gefühl, er versündige sich als spontaner Maler der Wolken am Ernst desjenigen, der Himmel und Erde gemacht hat. Er weiß, dass vor allem die Franzosen in Italien diese Ölstudienmalerei betreiben, darum ist sie ihm in einem doppelten Sinne suspekt. Sie ist ihm zu katholisch. Doch Friedrich weiß nicht, wo er als Protestant beichten soll, wenn er den heiligen Himmel so schnell malt, als sei er ein Baum, er scheut davor zurück, wie einfach hier ein Effekt zu erreichen ist, wie die Luft eines bestimmten Momentes in wenigen Minuten gemalt werden kann.

Und auch genau dies wird ihn verstört haben. Diese Kraft des Bildes, das er nicht mit seinem inneren, sondern nur mit seinem äußeren Auge gesehen hat. Deshalb bei Friedrich immer wieder die Frage: Darf man das eigentlich tun, was Dahl da tut? Bringt einen das buchstäblich in Teufels Küche? Der kernige Naturbursche aus Norwegen versteht die Frage gar nicht. Er malt einfach, was er sieht, und das in unerhörter Geschwindigkeit. Wo soll da das Problem sein? Er lacht über all die Bedenkenträger um ihn herum. Die frommen Pietisten aus Dresden aber reiben sich die Augen. Hat denn der, der die Wolken zur Hauptfigur am Himmel macht, vergessen, dass es dahinter immer noch eine wichtigere Hauptfigur gibt, nämlich Gott? Ja, in der Konzentration auf die Wolken liegt auch eine erhebliche Provokation, das dürfen wir nie vergessen. Es gibt »Höheres als eine Wolke«, so hat der Düsseldorfer Akademiedirektor Schadow gerade all diesen jungen Ölstudienmalern ins Gewissen geredet. Und als die Frau des Malers Carus mit ihrem Mann das Atelier von Dahl besucht und sich bei ihm all die unzähligen Wolkenporträts anschaut, da ist sie angetan von deren technischer Raffinesse, aber doch auch besorgt. Auf dem Nachhauseweg nimmt sie ihren Mann zur Seite, blickt ihn ernst an und fragt: »Ist der Dahl denn überhaupt noch fromm?«

*

Caspar David Friedrich mag als Maler ja bedeutend gewesen sein, wirklich revolutionär ist er jedoch als Züchter von Kanarienvögeln. Denn weit bevor der kleine gelbe Vogel sich in Deutschland verbreitet, vertieft sich Friedrich bereits in die Details der Aufzucht und der Säuberung von Volieren und hat zahlreiche der Singvögel um sich. Woher er sie hat? Woher er das alles weiß? Ein Rätsel. Eigentlich gibt es vernünftige Bücher erst zwei Generationen nach seinem Tod. Der *Katechismus der Kanarienzucht* erscheint 1901, *Der Kanarienvogel als Hausfreund der deutschen Familie* ist von 1908. Aber schon 1820 ist der Kanarienvogel Caspar David Friedrichs Hausfreund, und er schreibt darüber in seinen Briefen an den Bruder so selbstverständlich, als rede er über eine Katze.

So macht er sich zum Beispiel ganz genaue Gedanken, wie man die Stangen der Vögel in den Käfigen so bearbeiten kann, dass dort die Läuse hineinkriechen, die man dann hinterher dezent entsorgen kann. Am 2. Oktober 1825 schreibt er an seinen Bruder in Greifswald: »Lieber Adolf weist du schon wie man Kanarien Vogel von Ungeziefer reinigen kann? Statt der gewöhnlichen Stäbe zum darauf sitzen macht man welche von Rohr wie es um Greifswald so häufig wächst, schneidet etwa drei kleine Löcher in jeden Stab, etwa wie o so groß. In diesen Löchern kriechen die Leuse hinein und von 8 Tage zu 8 Tage pocht man sie aus, und gießt zum übrigen noch kochendes Wasser durch die Stäbe.« Selbst bei der Kanarienpflege also kommt bei Friedrich die reinlichkeitsliebende Jungfrau heraus. Und ein Jahr zuvor bemerkt er: »Nachdem ich meinem Kanarienvogel ein ander Weibchen gab, habe ich noch 8 Junge aus der Hecke großgezogen und was vielleicht merkwürdig ist: alle 8 Hähne??« Sehr rätselhafte Stelle. Offenbar hat der frischverheiratete Künstler auch seinem männlichen Kanarienvogel die Freuden einer Frau geschenkt. Aber warum um alles in der Welt leben, so mag man fragen, in der »Hecke« vor seinem Haus acht männliche Kanarienvögel?

Aber es ist ganz anders: Hecke ist nicht nur ein Strauch, sondern auch ein anderes, altes Wort für Brut, und so bleiben auch diese acht kleinen Vögel brave Haustiere in der Wohnung an der Elbe 33. Und die zwei Fragezeichen hinter den Hähnen? Die setzt Friedrich, weil man bei den kleinen Vögelchen Männlein und Weiblein noch so schwer unterscheiden kann. Was für uns aber als Rätsel bleibt: Was fasziniert unseren Germanen von der nordischen Küste, diesen Freund der Möwen und der Krähen, ausgerechnet an diesem kleinen südlichen Vogel, der außerhalb der Familie Friedrich in Dresden und Greifswald noch gar nicht im Norden Europas bekannt war?

Eigentlich jedenfalls verbreiten sich die Kanarienvögel erst Ende des 19. Jahrhunderts in Deutschland, von Tiroler Bergarbeitern mitgebracht, die sie bis in den Harz mitschleppen. Aus einem besonderen Grund. Der Kanarienvogel hat neben der Fähigkeit schön zu singen auch die Eigenschaft, sowohl beim Einatmen als auch beim Ausatmen Sauerstoff aufzunehmen. Das macht ihn für giftige Gase so empfindlich wie kaum ein anderes Tier – wenn also in den dunklen tiefen Schächten der Bergleute unter der Erde der Sauerstoffgehalt so stark sinkt, dass die Kanarienvögel ohnmächtig von ihren Stangen fallen, dann haben die Menschen immer noch 20 Minuten Zeit, um sich in Sicherheit zu bringen.

*

Sehr gerne geht Caspar David Friedrich mit seinen auswärtigen Besuchern ins Johanneum neben der Frauenkirche, um dort in dem extra eingerichteten »Kabinett der Rosalba« die Pastelle von Rosalba Carriera zu sehen. Vor allem von der Darstellung der vier Elemente, die sie 1746 für den sächsischen Hof gemalt hat, dem Carriera einen großen Karriereschub zu verdanken hat, ist er begeistert. Die vier Blätter sind voller Anmut und Erotik, vier Rokoko-Frauen spielen darauf verführerisch mit den Elementen, mit Feuer, Wasser, Erde und Luft. Friedrich gefällt am allerbesten das Bild der Luft. Darauf versucht eine Dame vergeblich, einen Kanarienvogel einzufangen, der ihr um den Kopf herumschwirrt. Ihr Dekolleté wird durch diese Fangversuche recht, nun ja, luftig. Dieses malerische Rokoko-Gezwitscher ist wahrscheinlich das Anstößigste, was Caspar David Friedrich in seinem ganzen Leben gesehen hat. Der Kanarienvogel im Käfig ist in der Malerei des 18. Jahrhunderts noch das Symbol für Jungfräulichkeit.

*

Der amerikanische Schriftsteller Kurt Vonnegut kommt Caspar David Friedrich auf doppelte Weise sehr nahe.

Er wird als amerikanischer Soldat in dem Dresdner Keller eines riesigen Schlachthauses gefangen gehalten, das ausgerechnet an genau der Stelle im Ostragehege errichtet worden ist, wo hundert Jahre zuvor Friedrichs wohl sehnsüchtigstes Naturbild spielt, »Das Große Gehege«. Auf der trockengelegten Feuchtwiesenlandschaft des »Großen Geheges« spielt im 20. Jahrhundert dann also *Slaughterhouse-Five*, einer der eindringlichsten Antikriegsromane überhaupt. Vonnegut ist in seinem unterirdischen Gefängnis unter dem Schlachthaus, als Dresden in der Nacht vom 13. auf den 14. Februar 1945 von den Alliierten fast dem Erdboden gleichgemacht wird. Sein Held Billy Pilgrim beschreibt die Sonnenuntergänge über der zerstörten Stadt, als seien es Himmel von Caspar David Friedrich. Gegenwart wird zu einer Ruine der Zukunft. Später wird Kurt Vonnegut aus den Kriegserfahrungen im Ostragehege in Dresden eine »canary in the coal mine theory of the arts« entwickeln. »Diese Theorie besagt«, so Vonnegut, »dass Künstler für die Gesellschaft nützlich sind, weil sie so sensibel sind. Sie sind hochsensibel. Sie kippen um wie Kanarienvögel in vergifteten Kohlebergwerken, lange bevor robustere Typen überhaupt eine Gefahr erahnen.«

*

1835 fällt der Kanarienvogelzüchter Caspar David Friedrich fast von der Stange. Er erleidet einen Schlaganfall, ist halbseitig gelähmt. Sein Körper lässt ihn spüren, dass das politische Klima in Deutschland vergiftet ist, dass die geistige Atmosphäre der Karlsbader Beschlüsse allen freien Geistern zunehmend die Luft zum Atmen nimmt. Konsequenterweise wird, als Friedrich am 7. Mai 1840 stirbt, als offizielle Todesursache »Lungenlähmung« angegeben.

*

Als sich die Lungen der kleinen Emma Friedrich das erste Mal öffnen, am 30. August 1819 und zwar genau zum Glockenschlag um halb zehn, und sie die kühle Dresdner Abendluft einsaugt, da schreit sie nicht, nein, sie niest. Sie niest zur Begrüßung der Welt, und sie tut es gleich zwölfmal. Ob das etwas zu bedeuten hat? »Ich weis nicht. Emma F«, so schreibt die erst dreijährige Emma am 10. Dezember 1822 an den Rand eines Briefes ihrer Mutter, »Ich weis nicht« sind die einzigen drei Wörter, die von Caspar David Friedrichs Tochter aktenkundig sind. Ob der gute Christ da etwa unwissend eine Existenzialistin gezeugt hat?

*

Was sagt der berühmteste deutsche Maler des 20. Jahrhunderts über den berühmtesten deutschen Maler des 19. Jahrhunderts? Gerhard Richter erklärt, wie wichtig Friedrich für das 21. Jahrhundert ist: »Ein Bild von Caspar David Friedrich ist nicht vorbei, vorbei sind nur einige Umstände, die es entstehen ließen. Darüber hinaus, wenn es gut ist, betrifft es uns.«

*

Das Glas vor Caspar David Friedrichs Gemälden ist, bildlich gesprochen, in keinem Jahrhundert entspiegelt, weder im 19. noch im 20. und schon gar nicht im 21. Jahrhundert. Und so sieht sich jede Zeit immer selbst darin, ja diese Selbstreflexion der Betrachter im Glas überlagert sehr oft die zarten Töne der gemalten Bilder Friedrichs dahinter.

*

Über Friedrichs Entdecker, den Norweger Andreas Aubert, wissen wir sehr wenig. Als er im Jahre 1893 nach Dresden kommt, trifft er zu seiner großen Verblüffung und Freude in der ehemaligen Wohnung Friedrichs im Haus An der Elbe 33 auf Dahls Sohn Johann Siegwald, der noch zahlreiche Werke Friedrichs aus dem Besitz seines Vaters verwahrt, und im Stockwerk darunter auf die hochbetagte Schwiegertochter Caroline. Sie ist die Witwe von Friedrichs Sohn Gustav Adolf, der vier Jahre zuvor gestorben ist, und mit ihr und den bei ihr verbliebenen Dokumenten beginnt Auberts Spurensuche, immer wieder reist er in den folgenden Jahren nach Dresden und Greifswald, um weitere Bilder und Dokumente ausfindig zu machen. Eine bislang unbekannte Quelle zu

Aubert selbst sind die Memoiren von Karl Scheffler. Ihm verdankt die Stadt Berlin die schöne Charakterisierung, dass sie »dazu verdammt ist, immer zu werden und nie zu sein«. Der Rest des Landes verdankt ihm die herrliche Kunstzeitschrift *Kunst und Künstler*, die um 1900 ästhetische Maßstäbe setzt und die er als Redakteur verantwortet. Und genau dort erscheinen die ersten Texte von Aubert über Friedrich. Scheffler beschreibt in seinen Memoiren, wie Aubert wirklich jedes Zipfelchen des Lebens von Friedrich zu rekonstruieren versucht, wie er immer wieder in die Redaktion kommt, um von neuen Entdeckungen zu erzählen. Als er den Verlobungsring von Caroline Bommer findet oder das »Große Gehege« in einem abgelegenen Damenstift. Aubert ist, wie Scheffler schreibt, »in Caspar David Friedrich bis über die Ohren verliebt«. Genau das hat Friedrich gebraucht, einen bis über beide Ohren Verliebten. Denn nur deshalb springt der Funke der Liebe bald über auf die, die Augen haben zu sehen. Vor allem die Museumsdirektoren Alfred Lichtwark in Hamburg, Hugo von Tschudi in Berlin und Woldemar von Seidlitz in Dresden, die um die Jahrhundertwende anfangen, die Bilder von Friedrichs Familie für ihre Museen anzukaufen. Und die alle maßgeblich an der großen Berliner »Jahrhundertausstellung« im Jahre 1906 beteiligt sind, die Friedrich mit einem Schlag zurückholt ins Bewusstsein der Öffentlichkeit. Die »Jahrhundertausstellung« zeigt unglaubliche 35 Werke Friedrichs, meist aus Familienbesitz. Nur die späteren Helden der deutschen Malerei des 19. Jahrhunderts, also Anselm Feuerbach und Wilhelm Leibl oder der Schweizer Arnold Böcklin, Maler der »Toteninsel«, sind häufiger vertreten. Drei Helden, die heute längst im Schatten Friedrichs stehen.

*

In den Bildern von Caspar David Friedrich steht die Luft. Selbst wenn die Wolken sich in einem nächtlichen Himmel über dem Meer türmen, so scheint er den einen stillen und angespannten Moment eingefangen zu haben, bevor etwas passiert. Die Natur hält kurz inne, wenn Friedrich sie sieht, sie hält den Atem an für ihn – und das macht auch die Figuren stumm, die in seinen Bildern vor ihr stehen oder durch sie wandeln. Es fällt kein Wort. Stattdessen: Andacht, Wundern, Ergriffensein. Aber ihm gelingt es mit seinem Pinsel in unzähligen Schichten feinste Farbnuancen so lange aufeinanderzulegen, bis wir die Luft zu spüren scheinen, die über seine Wiesen und Felder zieht, und bis sich die Stille auch über unsere unruhigen Augen legt. Unendliche Sehnsucht strahlt wie ein eigenartiges Licht aus allen Bildern Friedrichs.

*

Friedrich schaut aus dem Fenster, blickt nach links über die Elbe, Richtung Westen: Die grauen Wolken erglühen von hinten in dem strahlenden goldenen Gelb der untergehenden Sonne. Und kurz bevor sie ganz versinkt, leuchten die Wolken noch einmal ganz anders, rötlicher auf, als brenne irgendwo ein Feuer und sie würden noch gewärmt von seiner Glut. Dann spielen das zarte Rosa und das Grau am Himmel noch ein wenig miteinander, immer stiller. Und plötzlich erhebt sich majestätisch und zart die Sichel des Mondes auf dem hellen Blau am Firmament, und der Mond übernimmt seine nächtliche Herrschaft.

Sehr lange schaut Friedrich hinaus an diesem lauen Frühlingsabend. Sein Sohn kommt zu ihm, gemeinsam betrachten sie das allabendliche Schauspiel. Die Mutter ruft zum Abendessen, aber Vater und Sohn schauen in den Himmel. Ja, gleich, rufen sie, fangt schon einmal an. Der Himmel ist heute gar zu schön. Da kommen auch Caroline und Emma zu ihnen gelaufen, und sie stehen am zweiten Fenster, ergriffen vom Wunder des Lichts. So muss ich Caroline und Emma malen, denkt Friedrich sich. Die Glocken schlagen von der Frauenkirche her, dann versinken die Wolken endlich in einem erschöpften, ausdruckslosen Grau.

Gustav Adolf sagt zu ihm: Solche Himmel wolle er malen lernen. Du solltest nicht bei mir lernen, wie man Himmel malt, mein Sohn, sagt Friedrich. Geh hoch zu Dahl, schau, wie er die neuen Wolken malt, vor denen sich die Frau Carus so fürchtet. Er kann sie einfangen mit seinem Pinsel, diese jagenden Wolken des Abends vor seinem Fenster, ich kann das nicht, ich brauche die Stille. Ich muss meine Fensterläden schließen, um meine Bilder zu erfinden.

*

Es ist verrückt. Die beiden Bilder, die heute als Hauptwerke Caspar David Friedrichs gelten, der »Kreidefelsen auf Rügen« und »Der Wanderer über dem Nebelmeer«, sind noch hundert Jahre nach ihrer Entstehung in Friedrichs Dresdner Atelier vollkommen unbekannt. Niemand hat sie beschrieben, niemand hat sie gesehen, es ist ein großes Rätsel.

Während der »Kreidefelsen« also 1903 als Werk Carl Blechens auftaucht und dann in den zwanziger Jahren tragischerweise von genau jenem Kurt Karl Eberlein als Friedrich identifiziert wird, der den Maler 1940 zu einem Vorläufer der Nazis machen will, taucht der »Wanderer« im Jahre 1939 aus dem Nebel der Geschichte auf, 99 Jahre nach Caspar David Friedrichs Tod. Und auch in diesem Fall ist der »Entdecker« mit Vorsicht zu genießen: Es ist der Berliner Kunsthändler Wilhelm August Luz. Ab 1937 wird Luz auch als Gutachter für Kunst aus jüdischen Sammlungen engagiert, die von den Nazis eingezogen werden. Ob Luz den »Wanderer über dem Nebelmeer« Hitler für sein »Führermuseum« in Linz anbietet oder mit Hans Posse in Kontakt steht, der für den NS-Staat romantische Kunst ankauft, wissen wir nicht. Es ist davon auszugehen, dass der »Wanderer über dem Nebelmeer« die ersten Kriegsjahre in den Galerieräumen in der Kurfürstenstraße 127 in Berlin hängt. Sicher wissen wir nur, dass Luz das Bild nicht sofort, spätestens aber 1943 an den Sammler Ernst Henke verkauft, womit eine kleine, etwas undurchschaubare und durchaus nebulöse Odyssee beginnt. Von Ernst Henke geht das Bild nämlich in die Familiensammlung Oetker in Bielefeld; im Jahre 1950 wird das Bild dann überhaupt das erste Mal sichtbar, in einer großen Fotografie in der Zeitschrift *Die Kunst und das schöne Heim*. Wenig später geht der »Wanderer« erneut auf Wanderschaft, diesmal scheint es aber nur ein Spaziergang zu sein – und zwar zu Paul Herzogenrath, einem Bielefelder Kunsthändler und väterlichen Freund von Rudolf-August Oetker. Danach zieht das Bild weiter zum nächsten westfälischen Industriemagnaten, zu Hugo Oberwelland in Halle, wo es bis 1970 bleibt. Irgendwann in diesen 30 Jahren sind Zweifel aufgekommen, ob es sich denn wirklich um einen Friedrich handelt. Die Figur erscheint vielen zu groß, Friedrichs Freund Carl Gustav Carus wird als möglicher Schöpfer ins Spiel gebracht. Ob deshalb oder aus anderen Gründen, die Familie Oberwelland übergibt das Bild der Stuttgarter Galerie Bühler. Und diese verkauft es schon im Dezember 1970 für die damals erstaunliche Summe von 600000 Mark an die Hamburger Kunsthalle.

Und dann endlich beginnt der Siegeszug des »Wanderers über dem Nebelmeer« – heute ist er wohl das berühmteste Friedrich-Bild überhaupt. Man kann es kaum glauben. Nie hat Friedrich ein symbolischeres Bild gemalt. Nie hat er eine so große Rückenfigur gemalt. Ein Bild von ungeheurer Wirkung.

Wie kann es sein, dass solch ein Bild hundert Jahre lang verborgen bleibt vor den neugierigen Blicken der Welt? Warum hat er es nie ausgestellt auf der Akademie? Warum hat der jeweilige Besitzer seinen Besitz nie gezeigt, auch nicht nach 1906, als Friedrich durch die Berliner »Jahrhundertausstellung« zum bedeutendsten Maler des 19. Jahrhunderts in Deutschland erkoren worden ist?

Es soll einen sächsischen Forstbeamten namens von den Brincken zeigen, so sagt es der Vorbesitzer dem Galeristen Luz. Das macht die Sache nicht leichter. Es gibt in der ehrwürdigen Familie der von den Brinckens nämlich gar keinen sächsischen Forstbeamten. Einer hat mit Bäumen zu tun gehabt, sehr viel sogar, er ist Generalforstmeister des russischen Zaren gewesen – doch es gibt keinerlei Spuren, die von diesem Julius von den Brincken zu Friedrich führen. Aber egal, ob es nun ein sächsischer Forstbeamter gewesen ist oder ein deutsch-russischer Generalforstmeister, warum sollte er so ein Bild von sich malen lassen? Und wenn er schon so viel Geld ausgibt, warum dann von hinten? Und wenn er schon Forstbeamter ist, dann fragt man sich auch: Warum kauft er dann ausgerechnet eines der ganz wenigen Bilder des Nadelbaumliebhabers Friedrich ohne jeden Forst?

*

Ein Mann steht über den Wolken. Das ist eine Revolution. »Der Wanderer über dem Nebelmeer« hat eine Position, von der noch der bedeutende ukrainische Künstler Kasimir Malewitsch fast hundert Jahre später angesichts der ersten Flugzeuge ergriffen sein wird, weil es bislang nur einen gab, der von oben auf die Wolken herabblicken konnte: »Haben wir einmal den Himmel erlangt, so bleibt uns die Aufgabe, alle Eigenschaften Gottes zu erlangen, also allwissend zu sein.« Wir wissen, dass es Friedrich genau darum nicht gegangen ist, er will seinen Schöpfer nie herausfordern, sondern ihn suchen und preisen. Aber seine Bilderfindung ist ungeheuer. Dieser Wanderer schaut nicht mehr nach oben in den Himmel, nein, denn der liegt ihm zu Füßen. Das ist auf eine irritierende Weise modern. Und doch entspricht das Bild ganz der Sehnsucht seiner Zeit. »O Lust, vom Berg zu schauen«, so dichtet Joseph von Eichendorff, Friedrichs Bruder im Geiste. Oder: »Auch ich gelang einst zu dem stillen Gipfel, vor dem mich schaudert in geheimer Lust«. Friedrich hat viele Gipfel erklommen, im Harz, im Elbsandsteingebirge und im Riesengebirge, und die Lust gepriesen, von dort hinunterzublicken. Auf dem Gipfel tritt der Wanderer in ein Gespräch mit sich selbst, der Welt und mit Gott. Ja, der Gott, von dem Friedrich spricht und malt, der wohnt in der Seele. Wenn der Mensch in sein Inneres eintaucht und dort Gott zu entdecken glaubt, dann beginnt er für Friedrich, in Wirklichkeit sich selbst näher zu kommen. Das ist so berührend wie verstörend, denn der Gott, den Friedrich findet, ist also immer auch ein Gott der Einsamkeit. »Ich muß allein bleiben und wissen, dass ich allein bin, um die Natur vollständig zu schauen und zu fühlen. Ich muß mich dem hingeben, was mich umgibt, mich vereinigen mit meinen Wolken und Felsen, um das zu sein, was ich bin.« Das sagt Caspar David Friedrich. Aber das könnten auch die Worte des »Wanderers über dem Nebelmeer« sein. Eventuell sehen wir darauf wirklich keinen Forstbeamten, sondern den »Mönch am Nebelmeer«.

*

Man könnte die Geschichte der Bilder Caspar David Friedrichs auch anhand der Vögel erzählen, die darin durch die Lüfte fliegen. Es gibt die 19 Möwen am Strand, die den Kopf des »Mönchs am Meer« umsegeln. Es gibt so viele Krähen, die auf den herbstlichen Feldern aufflattern, als seien sie Illustrationen für die expressionistischen Gedichte von Georg Trakl. Und die »Frau mit Raben am Rande eines Abgrundes« zeigt: Die Vögel sind nicht nur immer da, sie haben auch immer eine Bedeutung. Mal tiefsinnig, mal etwas penetrant. Es gibt die kleinen Vögel, die in den Nischen einer leeren Abtei Unterschlupf finden und dem Winter trotzen. Und es gibt die Schwäne, die im Mondlicht ihre Hälse aneinanderschmiegen. Im Bild »Der Sommer« sehen wir natürlich zwei Turteltauben, und als die Freiheit des deutschen Geistes gefährdet ist, da malt Friedrich Adler im Gebirge. Und dann, am Ende seines Lebens, immer wieder die Eule. Sie hockt auf Bäumen und fliegt umher, das Symbol der Weisheit, die erst in der Dämmerung ihren Flug beginnt. Es scheint, als seien die Geräusche der Vögel die einzigen, die Friedrich ertragen kann in seiner Welt. Und als wären sie ihm als Symbolfiguren am liebsten, viel lieber als die schwierigen Menschen. Da spricht ganz offenbar nicht nur der Künstler, sondern auch der Kanarienvogelzüchter aus ihm.

»Ich versuchte«, so schreibt Judith Schalansky, »mir eine Welt ohne Vögel vorzustellen. Es hieße nichts anderes, als sich das Grauen auszumalen, die totale Stille, das Ende der Welt.«

*

Caspar David und Caroline Friedrich haben den jungen Dänen Niels Lauritz Høyen ins Herz geschlossen, der 1822 nach Dresden gekommen ist, um Malerei zu studieren. Sogar an Weihnachten laden sie ihn zu sich ein, Caroline kocht was »Deftsches«, wie sie zu sagen pflegt, Braten mit Klößen, Caspars Brüder haben ihnen aus Greifswald wieder herrliche Gänse geschickt. Der junge Däne isst sich satt. Und dann erzählt er den Friedrichs wehmütig von seiner Braut, die fern in Kopenhagen ohne ihn feiere. Er müsse die ganze Zeit an ihren letzten gemeinsamen Spaziergang am Wasser denken, gesteht er. »Das male ich Ihnen«, ruft Friedrich da – und malt es ihm, schickt es zur Braut nach Kopenhagen, das Bild ist schneller bei ihr als ihr Bräutigam.

Niels Høyen verdanken wir die schönsten Worte über die Luft in den Bildern Friedrichs. Offenbar darf er sie lange ansehen an diesem Weihnachtsfest. Wenn er an Friedrichs Gemälde denke, dann denke er eigentlich immer nur an »die herrliche Wiedergabe der Luftpartien«. Also an: »Die schwere, bläuliche Winterluft, die befruchtende, dunsterfüllte Frühjahrsluft, den klaren Morgenhimmel, das wunderlich magische in den Wirkungen des Mondlichts, den sich leicht erhebenden Fluss- und Morgennebel, habe ich mit verblüffender Wahrhaftigkeit gesehen.«

*

Sehr früh, also schon 1805, wird die spezielle Religiosität in den Werken Caspar David Friedrichs von einem ganz besonderen Herrn erkannt, der auf den in diesem Zusammenhang sehr hilfreichen Vornamen »Gotthilf« hört. Gotthilf von Schuberts *Ansichten von der Nachtseite der Naturwissenschaft* beschreiben, wie Friedrich in seinen Bildern eine Vorstellung vom Leben jenseits des Irdischen erweckt, indem er immer eine Natur zeige, die auf wundersame Weise eine Ahnung davon in sich trägt. Das ist unglaublich genau erkannt. Die Natur also quasi als Gotthilf des Himmels.

*

Friedrich schreibt einmal, der, »der Himmel und Erde schuf, ist um mich und seine Liebe schützet mich«. Aber oft fühlt er sich Gott und der Welt auch so schutzlos ausgeliefert wie der »Mönch am Meer«, den er 1810 gemalt hat. Die Gefahr des Verlorenseins springt einem nicht direkt entgegen aus Friedrichs Bildern, sie schleicht sich vielmehr an, sie versteckt sich und manchmal kann man sie nur erahnen. Ja, es ist vielleicht das kostbarste Gut der schönsten Gemälde Friedrichs, dass sie keine Antworten geben und nur Fragen stellen. Es ist auf all seinen Gemälden, wie László Földényi erkannt hat, »unentschieden, ob es sich dabei um das Sehen Gottes oder um das Sehen des Fehlens Gottes handelt«. Alle seine Himmel und all seine Lüfte erzählen von Friedrichs ungestilltem metaphysischen Hunger. Vielleicht kann sich deshalb unsere Sehnsucht auch 200 Jahre später noch immer nicht daran sattsehen.

*

Keine Angst, komplizierter wird es nicht. Wer zu große Theorien aufbaut rund um Caspar David Friedrich, der macht seine Bilder klein und nimmt ihnen etwas von ihrer rätselhaften Schönheit. Ja, es ist gut, wenn wir ihn ein wenig von der »Weiheaura« befreien, wie es Werner Hofmann schon 1974, also vor 50 Jahren, dringend empfohlen hat. Und seitdem ist es eher schlimmer geworden mit der Beweihräucherung. Aber Friedrich selbst verachtet das zu gebildete Reden über Kunst, der Kopf dürfe nie wichtiger werden als das Herz, sagt er: »Willst Du wissen, was Schönheit sei? Befrage die Herren Ästheten, beim Teetisch kann's Dir nützlich werden, aber vor der Staffelei nicht, da musst Du fühlen, was schön ist.«

*

Wir gehen noch einmal zu Caspar David und Caroline Friedrich in ihre schlichte kleine Wohnung im zweiten

Stock in Dresden, direkt an der Elbe. Wir kennen die Räume von Friedrichs Gemälde seiner »Frau am Fenster« und von Kerstings genauen Bildern von Friedrichs Atelier.

Bei Friedrichs Bild der »Frau am Fenster« steht uns seine Frau Caroline auf eine geradezu unverschämte Weise im Weg und versperrt den Blick. Und so gerne wir es wollen, wir können Caroline Friedrich ja jetzt auch nicht einfach bitten, einen Schritt zur Seite zu gehen, damit wir auch hinausschauen können auf die Elbe, die Boote, die hohen Pappeln am gegenüberliegenden Ufer. Ihr Mann hat sich ja ganz sicher etwas dabei gedacht. Und sie steht da ja jetzt auch schon so seit 200 Jahren.

Vielleicht hat Friedrich es deshalb so gemalt, damit wir gezwungen sind, den Blick nach oben zu richten, in die Luft. Denn über Caroline sehen wir im oberen Teil des Fensters Wolken am blassblauen Himmel aufblitzen, davor das schlichte schwarze Gitter, das hier wirkt wie ein Gipfelkreuz im Gebirge.

Es ist genau derselbe Fensteraufbau, den wir auch auf den berühmten Gemälden von Friedrichs Atelier sehen. Der Raum davor ist aussichtlos. Friedrich hat unten die hölzernen Fensterläden zugezogen und alles in einen Dämmer getaucht, damit er ohne Seitenlicht malen kann. Doch auch hier blitzt darüber das Hellblau auf. Und weckt unsere Sehnsucht.

Marcel Proust hat diese versteckte Botschaft Caspar David Friedrichs genau verstanden. In *Auf der Suche nach der verlorenen Zeit* rät er: »Halten Sie stets ein Stückchen Himmel über Ihrem Leben frei.«

*

Am 18. April 1820 fällt in Friedrichs Geburtshaus in Greifswald ein großes Selbstporträt des Künstlers von der Wand. Es ist die Zeit, in der sein Absturz beginnt.

*

Friedrich leidet sehr darunter, dass er ab Mitte der 1820er Jahre und vor allem in seinem letzten Lebensjahrzehnt immer weniger geschätzt wird. Die *Zeitung für die elegante Welt* etwa moniert, dass bei ihm leider die Schönheit der Natur immer nur »verdämmert, verdunkelt und vernebelt erscheint«. Und die *Wiener Zeitschrift* mosert, Friedrich habe »früher« große Aufmerksamkeit erregt, aber es sei »sehr schade, dass er durch düstere Schwermut zu einseitig wurde«. Friedrich, der all das liest, notiert in einem dicken Tagebuch seine Gedanken dazu, die alles in einem sind: traurig, wütend, komisch und wahr. Als die Kunstkritik ihn immer öfter dafür kritisiert, dass er nur Nebel oder Winter male, da schreibt er, dass der Nebel und der Winter zur Zeit »leider in Verschiss« gekommen seien. Aber das solle man gelassen sehen. Bei den Kunstkritikern gerate bestimmt auch der Herbst bald in Verruf, dann sei der Sommer dran und schließlich sicher auch der Frühling. Alles sei irgendwann fragwürdig. Deshalb müsse man nur ein bisschen warten, dann käme schon irgendwann der Winter wieder »zu Ehren«, so sei das eben mit den Moden. Und man meint, ihn beim Schreiben lächeln zu sehen. »Über Friedrichs Mund«, so schreibt sein Freund Gotthilf von Schubert, »schwebte immer ein leichter Zug des Scherzes.« Was für eine schöne Vorstellung.

*

Als Caspar David Friedrich im September 1835 mit seiner Familie für eine Badekur ins böhmische Teplitz reist, um sich von den Folgen seines Schlaganfalls zu erholen, weil er kaum noch gehen geschweige denn zeichnen kann, da kommt es dort gleichzeitig zu einem großen Monarchentreffen: Der russische Zar Nikolaus I. ist da, der preußische König Friedrich Wilhelm III., der sächsische König und selbst der Großherzog von Weimar. Angeblich geht es um große politische Fragen Europas. De facto ist es aber auch das Treffen von vier regierenden Häusern, die miteinander darum wetteifern, wer die größte Caspar-David-Friedrich-Sammlung zusammengetragen hat. Aber in Wahrheit interessiert sich kein einziger der vier Monarchen überhaupt für Kunst – sie haben die Friedrichs in den letzten Jahrzehnten nur ihren Frauen oder Söhnen zuliebe gekauft. Und so ist der gebrechliche Maler, der da auf den Kieswegen im Park auf seine Tochter gestützt an ihnen vorbeitrottet, für sie leider nur Luft.

*

In Friedrichs Nachlass findet sich ein besonders berührendes Bild. Ein Mann und eine Frau stehen in der abendlichen Dämmerung am Eingang eines mächtigen Friedhofstores und blicken auf die Gräber im Inneren, über die der Nebel zieht. Mitten in der Luft erhebt sich aus den sanften Nebelschwaden der weiße Umriss eines Engels, der tröstend über den Gräbern wacht. Sind es Friedrich und seine junge Frau, die hier das Grab ihres Kindes sehen, das 1821 tot geboren worden ist? Wie hängt ihr Besuch mit den anderen Gräbern zusammen und mit der heiligen Stimmung, die über allem liegt? Friedrichs russischer Freund Schukowski, dem wir einige der eindringlichsten Gemäldebeschreibungen verdanken, schreibt, kurz nachdem er das Bild im Atelier gesehen hat: »Es sind zwei Eheleute, die gerade ihr Kind begraben haben und in der Nacht nach dem Grab sehen.« Aber, so Schukowski, »der Maler wollte uns an die andere Welt denken lassen. Es scheint ihnen, als ob ihr Kind aus seinem Grab steige, als ob sich die Schatten seiner Vorfahren ihm entgegen bewegten und als ob ein Friedensengel über ihnen schwebe und sie vereine.« Nur die Russen, so wird der große abstrakte Maler Wassily Kandinsky hundert Jahre später sagen, verstehen die romantische Seele der Deutschen.

Das Tor zu seinem großen Friedhofsbild hat Caspar David Friedrich übrigens ziemlich genau dem des Dresdner Trinitatisfriedhofs nachempfunden. Wenn man es heute durchschreitet, dann kommt man zu Caspar David Friedrichs Grab. Dort liegt eine wohl in den dreißiger

Jahren angebrachte, etwas plumpe Steinplatte, auf der aus dem Caspar ein Kaspar geworden ist, daneben die älteren Grabplatten nicht seiner pommerschen, sondern seiner Bommer'schen Verwandtschaft, also der Dresdner Familie seiner Frau. Im abendlichen Dämmerlicht des Herbstes steigen die Nebel genauso aus dem Gras auf wie auf Friedrichs Bild. Und wer weiß, vielleicht schwebt über Friedrichs Grab auch manchmal ein Engel, wundern würde es mich nicht.

*

Als Friedrich gestorben ist und also selbst auf dem gemalten Trinitatisfriedhof liegt, ist es sein Freund und Nachbar Johan Christian Clausen Dahl, der auf seiner Nachlassauktion im Dezember 1843 dieses Friedhofsbild kauft. Er hat die Auktion angeregt, bei der Geld für die Witwe Friedrichs und die drei Kinder zusammenkommen soll. Aber niemand will Friedrichs Bilder kaufen, also kauft er als Einziger – natürlich ohne es Caroline zu sagen. Dahl erwirbt fast alle Zeichnungen, Sepiazeichnungen und Aquarelle Friedrichs auf der Auktion, aber neben dem »Friedhof« eben auch eine große »Riesengebirgslandschaft« und auch das berühmte »Eismeer«-Gemälde. Damit besitzt er insgesamt elf bedeutende Gemälde von Friedrich. Als dann Dahl selbst gestorben ist, kommt es 1859 zu seiner Nachlassauktion in Dresden – aber schon wieder will keiner die Gemälde Friedrichs haben, und so gehen sie an die Familie Dahl zurück.

Die Aquarelle und Skizzenbücher hat man erst gar nicht angeboten.

Es ist längst die Zeit der großen Blüte der Düsseldorfer Malerschule, bombastische Landschaften mit Effekt, viele Ritterburgen, große Emotionen, Pathos. Einer ihrer Leitsterne heißt Carl Friedrich Lessing. Und schon 1848 darf man im meinungsbildenden *Conversations-Lexicon für bildende Kunst* lesen: »Kaspar David Friedrich darf als Vorläufer der Lessing'schen Landschaftsrichtung beschrieben werden.« So schnell kann es gehen. Um 1890 befindet sich also die größte Friedrich-Sammlung der Welt weiterhin im Haus An der Elbe 33 in Dresden, einen Stock über der ehemals Friedrich'schen Wohnung – und zwar bei Dahls malendem Sohn Siegwald. Caspar David Friedrich hat geahnt, dass er seiner Zeit voraus gewesen ist. Er hat sich selbst mit einer Raupe verglichen: »Ich spinne mich in meine Puppe und überlasse es der Zeit, was aus dem Gespinst herauskommen wird, ob ein bunter Schmetterling oder eine Made.« Erst als das nächste, das 20. Jahrhundert dämmert, da beginnt er zu fliegen.

*

Der 5. Juni 1822 ist in Dresden ein warmer, ja fast sommerlicher Tag. Vom frühen Morgen bis zum späten Abend geschieht eigentlich fast nichts in Caspar David Friedrichs Atelier An der Elbe 33. Er malt ein paar Stunden mit feinstem Pinsel an einem komplizierten Himmel. Er vermisst ein wenig seine Frau, die mit seiner Tochter auf dem Land ist. Er fragt sich, ob er ins Brauhaus gehen soll. Doch dann malt er weiter und grübelt vor sich hin. Ansonsten: Stille. Da fliegt am frühen Abend, als es kühler wird, plötzlich eine Schwalbe von der Elbe her durch das offene Fenster in Caspar David Friedrichs Wohnung. Aufgeregt flattert sie durch die engen Räume, segelt erst durchs Atelier, dann durch den Flur, um dann in der Küche zu versuchen, zurück ins Freie zu gelangen. Doch als sie da an der Scheibe scheitert, nimmt Friedrich sie behutsam in seine großen Hände; sie ist so verschreckt, dass sie sich kaum dagegen wehrt. Dann trägt Caspar David Friedrich die Schwalbe zum offenen Fenster – und lässt sie wieder fliegen. An ihren ersten Flügelschlag durch die abendliche Luft wird er sich noch ewig erinnern, er war voll Dankbarkeit und voller Sehnsucht.

# Dank

Dieses Buch verdankt zahllose Hinweise, Ratschläge und Auskünfte einer großen Zahl von Kunsthistorikerinnen und Kunsthistorikern, denen ich für ihre tatkräftige Unterstützung und lange Gespräche herzlich danke: Dr. Alexander Bastek, Dr. Markus Bertsch, Dr. Holger Birkholz, Prof. Dr. Helmut Börsch-Supan, Christian von den Brincken, Dr. Stephanie Buck, Dr. Jan Bürger, Prof. Dr. Werner Busch, Dr. Sebastian Dohe, Dr. Bernhard Echte, László Földényi, Dr. Birte Frenssen, Dr. Ralph Gleis, Prof. Dr. Johannes Grave, Mathias Hans, Prof. Dr. Kilian Heck, Mathilde Heitmann-Taillefer, Prof. Dr. Thorsten Hoffmann, Dr. Alison Hokanson, Prof. Dr. Wolfgang Holler, Harry Joelson-Strohbach, Dr. Josephine Karg, Dr. Thomas Kemper, Dr. Felix Krämer, Dr. Katharina Krügel, Dr. Petra Kuhlmann-Hodick, Prof. Dr. Lothar Ledderose, Katja Lindenau, Ger Luijten (†), Prof. Dr. Bernhard Maaz, Michael Mohr, Dr. Kristina Mösl, Claudia Müller, Dr. Johannes Nathan, Prof. Dr. Hans Joachim Neidhardt, Dr. Natalie Neumann, Dr. Elisabeth Nowak-Thaller, Carl-Johan

Olsson, Stefan Pucks, Dr. Sabine Rewald, Frank Richter, Prof. Dr. Sandra Richter, Dr. David Schmidhauser, Prof. Dr. Werner Schnell, Dr. Gerd Spitzer, Dr. Klaus-Dieter Stephan, Dr. Bettina Werche, Thomas Werle, Winfried Werner und Herrmann Zschoche.

Besonderer Dank an meine Lektorin Yelenah Frahm, meinen Verleger Oliver Vogel, meinen Agenten Matthias Landwehr, an Judith Schalansky für Elementares und Marc Sinan für Zerebrales.

Geschrieben wurde dieses Buch bewusst an genau den Orten, an denen Friedrich in seinem Leben die meiste Zeit verbracht hat. Also in Dresden, in Greifswald (Dank an das Archiv des Caspar-David-Friedrich-Instituts der Universität Greifswald), im Riesengebirge, in Kopenhagen und in Sassnitz auf Rügen, wo ich dank Christoph Müller auf Friedrichs Meer schauen konnte. Aber auch in Berlin wurde an diesem Buch geschrieben – dort, wo es Friedrich im Jahre 1798 nur sehr kurz ausgehalten hat, wo er keine Spuren hinterlassen hat und von wo er gleich nach Dresden weitergezogen ist. Aber immerhin entstand das Buch an einem Schreibtisch, der ziemlich genau zwischen jener Berliner Wohnung von Julius Freund steht, in der jahrelang unerkannt der »Kreidefelsen auf Rügen« hing, und der ehemaligen Kunsthandlung Luz, wo 1939 plötzlich der »Wanderer über dem Nebelmeer« das Licht der Welt erblickte. Und auch der suchende »Mönch am Meer« in der Alten Nationalgalerie macht Berlin natürlich auf ewig zu einem Ort, an dem man Friedrich finden kann.

# Zeittafel

1774 Geburt am 5. September als sechstes von zehn Kindern des Seifensieders Adolf Friedrich in Greifswald (damals Schwedisch-Pommern).

1781 Friedrichs Mutter Sophie Dorothea stirbt.

1787 Friedrichs zwölfjähriger Bruder Christoffer ertrinkt am 8. Dezember, als er Friedrich aus dem Wasser rettet.

1794 Nach ersten Zeichenstunden bei Johann Gottfried Quistorp in Greifswald wechselt Friedrich für ein vierjähriges Studium an die Kunstakademie von Kopenhagen.

1798 Ab Oktober lässt sich Friedrich in Dresden nieder.

1801 Große Rügenreise nach einer künstlerischen und seelischen Krise. Friedrich zeichnet in Bleistift und in Sepia.

1805 Friedrich gewinnt den halben ersten Preis bei der von Goethe ausgeschriebenen Weimarer Preisaufgabe.

1808 Der »Tetschener Altar«, eines der ersten Ölbilder Friedrichs, entsteht und ist Anlass für eine große Debatte um die Aufgaben der Landschaftsmalerei.

1810 Am 18. September ist Goethe in Friedrichs Atelier in Dresden und sieht den »Mönch am Meer«. Im Oktober wird das Bild in Berlin ausgestellt und vom Kronprinzen Friedrich Wilhelm (IV.) erworben.

1813 Dresden wird von französischen Truppen besetzt. Friedrich und Napoleon sind am selben Tag in Krippen. Friedrich malt patriotische Bilder.

1816 Friedrich wird Mitglied der Dresdner Akademie und seine Freundschaft mit Carl Gustav Carus beginnt.

1818 Überraschende Heirat mit Caroline Bommer am 21. Januar. Im Juli und August Hochzeitsreise nach Greifswald, Rügen und Stralsund. Das Gemälde »Der Kreidefelsen auf Rügen« entsteht in Erinnerung daran.

1819 Die Tochter Emma wird geboren, es folgen in den Jahren darauf die Tochter Agnes Adelheid und der Sohn Gustav Adolf.

1820 Friedrichs Familie zieht in das Haus An der Elbe 33 in Dresden.

1821 Besuch vom russischen Dichter Wassili Schukowski, der ein enger Freund wird und zahlreiche Bilder Friedrichs an den russischen Zarenhof vermittelt.

1823 Der norwegische Maler Johan Christian Clausen Dahl zieht eine Etage über Friedrich in das Haus An der Elbe 33, er wird ein enger Freund.

1824 Friedrich wird nicht Professor der Landschaftsklasse an der Dresdner Akademie, was ihn schwer kränkt. Das Gemälde »Das Eismeer« entsteht.

1826 Letzte Rügenreise Friedrichs.

1832 Ankauf des Gemäldes »Das Große Gehege« durch den sächsischen Kunstverein.

1835 Friedrich erleidet einen Schlaganfall, seine rechte Seite ist gelähmt.

1840 Friedrich stirbt am 7. Mai und gerät anschließend in völlige Vergessenheit.

1906 Anlässlich der Berliner »Jahrhundertausstellung« wird Friedrich wiederentdeckt.

1920 »Der Kreidefelsen auf Rügen« wird als ein Werk Friedrichs entdeckt.

1939 »Der Wanderer über dem Nebelmeer« taucht in Berlin auf.

1974 Große Ausstellungen in Hamburg und Dresden rufen Friedrich zu seinem 200. Geburtstag als zentrale deutsche Malerfigur des 19. Jahrhunderts aus.

2024 Noch größere Ausstellungen in Hamburg, Berlin, Dresden und New York etablieren Caspar David Friedrich endgültig als zentrale deutsche Malerfigur des 19. Jahrhunderts.

# Weiterführende Literatur

Es gibt mehr Bücher über Caspar David Friedrich als Bilder von ihm. Die Lektüre von unzähligen dieser Schriften und Aufsätze aus den letzten 120 Jahren hat mich die letzten Jahre bei der Recherche und dem Schreiben dieses Buches begleitet.

Wer aufbrechen möchte zu weiteren Reisen über den geistigen Kontinent, den Friedrich ausgemessen und besiedelt hat, samt dessen zugehörigem Erdleben und Himmelsraum, dem seien hier einige grundlegende Bücher empfohlen.

Die umfassendste und tiefgründigste Darstellung von Leben und Werk bietet zur Zeit der vorbildlich illustrierte Band von Johannes Grave: *Caspar David Friedrich,* München 2012/erweitert 2021.

Wer es lieber komprimiert hat, dem sei empfohlen: Christian Scholl: *Caspar David Friedrich und seine Zeit,* Leipzig 2015.

Das grundlegende Werkverzeichnis, das auch alle historischen Quellen bündelt, ist genau 50 Jahre alt: Helmut Börsch-Supan/Karl Wilhelm Jähnig: *Caspar David Friedrich. Gemälde, Druckgraphik und bildmäßige Zeichnungen,* München 1973. Helmut Börsch-Supan hat danach in zahlreichen Aufsätzen und Büchern seine Sicht auf Friedrich dargelegt, die vor allem auf einer allegorischen christlichen Deutung der einzelnen Bildinhalte des

Künstlers basiert. Er zieht die Summe seines Schaffens in: *Caspar David Friedrich. Seine Gedankengänge*, Berlin 2023.

Parallel dazu hat sich Werner Busch über Jahrzehnte dem Künstler von einer anderen Seite genähert: Er hat vor allem die mathematischen Grundlagen von dessen Kompositionen herausgearbeitet, die sich in der Verwendung des Goldenen Schnittes und dem Einsatz von Hyperbeln sichtbar machen lassen (zum Beispiel in *Caspar David Friedrich. Ästhetik und Religion*, München 2002). Auch er hat gerade seine Sicht auf Friedrich zusammengefasst in: *Romantisches Kalkül*, Leipzig 2023.

Ein kennerschaftliches Buch mit zahlreichen Gedanken zu Zu- und Abschreibungen sowie den verschollenen Bildern Friedrichs lieferte Werner Sumowski: *Caspar-David-Friedrich-Studien*, Wiesbaden 1970.

Der Gesamtband der Zeichnungen ist in zwei prächtig illustrierten Bänden versammelt: Christina Grummt: *Caspar David Friedrich. Die Zeichnungen. Das gesamte Werk*, 2 Bände, München 2011.

Im Herbst 2024 ist der zuvor nur als Privatdruck kursierende monumentale Band »Caspar David Friedrich. Der Landschaftsmaler« von Frank Richter erschienen, in dem er auf umfassende Weise allen Gemälden Friedrichs die zugrundeliegenden Zeichnungen zuzuordnen vermag und die Lebenszeugnisse in eine chronologische Form bringt.

Sehr zu empfehlen, um die geistige Tiefe von Friedrichs Landschaften auszuloten, ist außerdem: Joseph Leo Körner: *Caspar David Friedrich. Landschaft und Subjekt*, München 1998.

Das philosophisch ausgreifendste und tiefschürfendste Buch über Friedrich bleibt für mich: László Földényi, *Caspar David Friedrich. Die Nachtseite der Malerei*, München 1993 (Neuauflage als Taschenbuch 2024).

Zentrale Grundlage für dieses Buch sind die authentischen schriftlichen Zeugnisse des Künstlers. Sie finden sich exzellent kommentiert in diesem Werk: Herrmann Zschoche: *Caspar David Friedrich. Die Briefe,* Hamburg 2006. Vom selben Verfasser sind auch sehr anregende Detailstudien über Friedrichs *Frauenbilder* (Frankfurt 2015) und zu seinen Rügenreisen erschienen: *Caspar David Friedrichs Rügen. Eine Spurensuche,* Dresden 2021.

Und schließlich dürfen wir uns für das Jubiläumsjahr 2024 anlässlich Friedrichs 250. Geburtstag auf neue Kataloge freuen, die die großen Ausstellungen in den Kunstsammlungen und Museen in Winterthur, Hamburg, Berlin, Dresden, Weimar, Greifswald und New York begleiten werden.

# Abbildungsnachweis

*Feuer* – Caspar David Friedrich: »Das brennende Neubrandenburg«, um 1835/40 (bpk/Hamburger Kunsthalle/Elke Walford)

*Wasser* – Caspar David Friedrich: »Das Eismeer«, 1823/24 (bpk/Hamburger Kunsthalle/Elke Walford)

*Erde* – Caspar David Friedrich: »Kreidefelsen auf Rügen«, 1818/19 (Kunst Museum Winterthur, Stiftung Oskar Reinhart, © SIK-ISEA, Zürich, Philipp Hitz)

*Luft* – Caspar David Friedrich: »Der Wanderer über dem Nebelmeer«, um 1817 (bpk/Hamburger Kunsthalle, SHK/Elke Walford)

Florian Illies
**Wenn die Sonne untergeht**
Familie Mann in Sanary

Im glühend heißen Sommer 1933 spitzt sich die politische Lage in Europa zu – und die der Familie Mann: Thomas und Katia Mann und ihre sechs Kinder sind nach abenteuerlichen Fluchten im Juni in dem verträumten Hafenort Sanary am französischen Mittelmeer gestrandet. Und jetzt wissen sie alle weder vor noch zurück. Ein Ort, eine Familie, drei Monate bei dreißig Grad – Florian Illies erzählt von der Trauer um den Verlust der Heimat und des Besitzes, der Angst vor den Plünderungen der Nazis, von Wehmut, Trotz und Leidenschaft. Und von der Zerreißprobe zwischen Klaus und Erika und ihrem Vater.

Florian Illies

**1913. Die Gesamtausgabe**

Proust sucht nach der verlorenen Zeit, Malewitsch malt ein Quadrat, Benn liebt Lasker-Schüler, Kafka, Joyce und Musil trinken am selben Tag in Triest einen Cappuccino – und in München verkauft ein österreichischer Postkartenmaler namens Adolf Hitler seine biederen Stadtansichten. In Literatur, Kunst und Musik werden die Extreme ausgereizt, als gäbe es kein Morgen.
Florian Illies entfaltet virtuos ein historisches Panorama des einzigartigen Jahres, in dem das lange 19. auf das kurze 20. Jahrhundert der Kriege und Extreme prallt – und in dem unsere Gegenwart begann.

592 Seiten, Klappenbroschur
978-3-596-70975-5

Weitere Informationen finden Sie auf
*www.fischerverlage.de*